DO MULTI AO BILATERALISMO:

UM PRESSUPOSTO PARA O NOVO COMÉRCIO GLOBAL

CARLO BARBIERI

DISSERTAÇÃO DE MESTRADO APRESENTADA COMO
REQUISITO PARCIAL PARA A OBTENÇÃO DO TÍTULO DE
MASTER OF SCIENCE IN LEGAL STUDIES SOB ORIENTAÇÃO
DO PROF. DR. DOUGLAS DE CASTRO.

Publisher: Ambra University Press
First edition: December 13, 2021 (Revision 1.0a)

Author: Carlo Barbieri Filho
Title: Do multi ao bilateralismo: um pressuposto para o novo comércio global
Cover design: Jhonny Santos
Book design: Ambra University Press
Proofreading: Ambra University Press
E-book format: EPUB
Print format: Paperback- 6 x 9 inch

ISBN: 978-1-952514-24-1 (Print - Paperback)
ISBN: 978-1-952514-25-8 (e-book – EPUB)

Ambra is a trademark of Ambra Education, Inc. registered in the U.S. Patent and Trademark Office.
Ambra University Press is a division of Ambra Education, Inc.
Orlando, FL, USA
https://press.ambra.education/ • https://www.ambra.education/

Editora: Ambra University Press
Primeira edição: 13 de dezembro de 2021 (Revisão 1.0a)

Autor: Carlo Barbieri Filho.
Título: Do multi ao bilateralismo: um pressuposto para o novo comércio global
Design da capa: Jhonny Santos
Projeto gráfico: Ambra University Press
Revisão: Ambra University Press
Formato e-book: EPUB
Formato impresso: Capa mole - 6 x 9 polegadas

ISBN: 978-1-952514-24-1 (Impresso – capa mole)
ISBN: 978-1-952514-25-8 (e-book – EPUB)

Ambra é uma marca da Ambra Education, Inc. registrada no U.S. Patent and Trademark Office.
Ambra University Press é uma divisão da Ambra Education, Inc.
Orlando, FL, EUA
https://press.ambra.education/ • https://www.ambra.education/

Dedico este trabalho à minha família.

SUMÁRIO

PREFÁCIO

O termo globalização é o típico conceito que é operacionalizado de acordo com as conveniências de quem quer fazer uso do termo.

Embora as raízes da globalização possam ser contestadas, alguns eventos podem indicar que o seu processo não se iniciou com as grandes navegações europeias. A antiga Rota da Seda conectou a China com outros países 1 século a.C. O profeta Maomé foi um grande comerciante no Oriente Médio, fazendo negócios em vários países no Oriente Médio.[1]

O final da Segunda Guerra Mundial abriu as portas para uma nova ordem econômica mundial que reconheceu, pela via das Instituições de Bretton Woods, a ascensão dos Estados Unidos e ex-URSS como grandes potências mundiais, marcando o declínio do poder Europeu (que ainda teve que lidar com as ondas revolucionárias em colônias dominadas por países Europeus). Os dois pilares de Bretton Woods, financiamento e comercio internacional, precisavam ser fomentados mundialmente como uma forma de manutenção da paz. Assim, o Fundo Monetário Internacional, o Banco Mundial, o General Agreement on Tariffs and Trade (GATT) e a Organização Mundial do Comércio ficaram encarregadas de facilitar e harmonizar as regras que sustentariam a globalização.

O termo começa a ser utilizado com maior frequência no início da década de 1990 como uma resposta natural ao colapso da ex-URSS e seus estados satélites, apontando para um cenário inevitável que Francis Fukuyama teoriza

---

[1] https://www.weforum.org/agenda/2019/01/how-globalization-4-0-fits-into-the-history-of-globalization/. Acesso em 09/11/2021.

como o "O Fim da História",[2] ou seja, a prevalência do liberalismo sobre o socialismo como forma de organização política e econômica.

Dessa forma, a globalização passou a ser a buzzword das décadas seguintes, constituindo-se como uma espécie de processo em que não se poderia lutar contra sob pena de se estar nadando contra a maré. No início triunfal, a globalização tinha uma dimensão a ela associada: a economia mundial. Embora sendo uma dimensão de grande importância, as complexidades que vão surgindo no sistema internacional começam a desafiar a prevalência da dimensão econômica, aportando novos desafios que necessitam ser abordados.

As dimensões militar e cultural trazida pelos ataques de 11 de setembro não poderiam ser ignoradas. É nesta oportunidade que outra tese que emerge no final da Guerra Fria ganha nova tração nos debates políticos e acadêmicos: O Choque das Civilizações de Samuel Huntington,[3] que coloca, em síntese, o deslocamento dos conflitos entre estados para os conflitos entre as civilizações existentes no mundo. As questões voltadas à segurança internacional e conflitos armados passam a fazer parte do emaranhado de fenômenos que compõem um quadro mais completo da globalização. Mas não é somente!

As mudanças climáticas e a perda da biodiversidade aportaram ao conceito de globalização a dimensão ambiental que não mais poderia ser relegada, sendo considerados como ameaças existenciais da humanidade. Neste

---

2   https://www.jstor.org/stable/24027184?Search=yes&resultItemClick=true& searchText=francis%20fukuyama%20end%20of%20history&searchUri=%2Faction% 2FdoBasicSearch%3FQuery%3Dfrancis%2Bfukuyama%2Bend% 2Bof% 2Bhistory %26so%3Drel&ab_segments=0%2Fbasic_search_gsv2% 2Fcontrol&refreqid=fastly-default%3Ad216b1a27abf11e6618acb082ed9e25e. Último acesso em 08/11/2021.

3   In https://www.foreignaffairs.com/articles/united-states/2021-11-08/china-shocks-lessons-green-economy?utm_medium=newsletters&utm_source=fatoday&utm_campaign=The%20China%20Shock%E2%80%99s%20Lessons%20for%20the%20Green%20Economy&utm_content=20211108&utm_term=FA%20Today%20-%20112017. Último acesso em 09/11/2021

contexto, quais serão, por exemplo, as consequências econômicas e sociais em razão do anúncio e do início de ações por parte da China em reduzir a zero suas emissões de carbono?

Para continuar ainda na dimensão ambiental, a resposta dos Estados Unidos em relação às metas e compromissos ambientais da China, seu maior rival no cenário internacional atualmente, traduz-se o Build Back Better, um programa que pretende tornar a economia norte-americana mais verde para entrar na "onda" da globalização ambiental. Como bem colocado pela Foreign Affairs:

> *Without such preparations, the energy transition may add to the unfortunate and painful history of regionalized joblessness. It could fuel more misery, broken families, and addiction. Regional economic divides have intensified political polarization in the United States and provided fertile ground for populists. If the federal government is serious about decarbonizing the U.S. economy, then it must also get serious about helping people who will lose their jobs in the process.[4]*

Como se percebe, as implicações da globalização vão muito além da dimensão econômica e envolve uma miríade de aspectos, conexões, efeitos, vulnerabilidades, impactos sociais e percepções, para mencionar alguns, que impedem que a sua conceitualização seja universal e monolítica como pretendiam os seus mais árduos defensores no início dos anos 1990.

---

4   https://www.foreignaffairs.com/articles/united-states/2021-11-08/china-shocks-lessons-green-economy?utm_medium=newsletters&utm_source=fatoday&utm_campaign=The%20China%20Shock%E2%80%99s%20Lessons%20for%20the%20Green%20Economy&utm_content=20211108&utm_term=FA%20Today%20-%20112017. Último acesso em 09/11/2021.

A ontologia e epistemologia da globalização sofreu grandes alterações nas últimas décadas a ponto de impedir de uma identificação mais precisa e do alcance de suas implicações nas mais diversas áreas e esferas do estrato social nacional e internacional. A percepção que se tem da globalização pode ser resumida na analogia do carro em alta velocidade na rodovia, cujo retrovisor adverte em mensagem gravada "os objetos podem parecer menores do que aparecem", ou seja, já abandonamos muita coisa, mas, cuidado com o que se aproxima, enquanto o para-brisa nos lembra para olhar adiante, mas, está sujo, pois o limpador está com defeito.

O grande mérito desta obra é esboçar uma nova visão para a globalização econômica, que a meu ver, em sua fórmula, incorpora outras dimensões da globalização (existentes e outras que ainda estão por vir). Ele faz exatamente ao apontar uma nova epistemologia para a globalização que é contraintuitiva se levarmos em consideração sua natureza "global": o abandono de fórmulas e práticas universais em favor de abordagens regionais e setoriais que possam fazer mais sentido e gerenciadas de modo mais eficiente.

A obra impulsiona o debate no sentido de apontar as fragilidades e entraves que as Instituições de Bretton Woods no pilar do comércio internacional, GATT e OMC, enfrentam nas últimas décadas, especialmente considerando o travamento da Rodada de Doha e a ascensão de governos nacionalistas que adotam posturas mais protecionistas, esvaziando o sistema multilateral de comércio internacional. Isso sem contar com as importantes implicações de natureza ambiental que são colocadas em foco na regulamentação de comércio e finanças internacionais.

Por outro lado, estes movimentos impulsionam os países à firmar acordos internacionais de espectro reduzido em termos de número de participante e conteúdo específico, que no presente livro coloca mais luz sobre os tratados bilaterais de investimento (acrônimo em Inglês, BIT).

De acordo com o Investment Policy Hub da Conferência das Nações Unidas sobre Comércio e Desenvolvimento, desde o ano de 1957 os países membros da ONU firmaram 2.826 BITs, que deste total 2.258 estão em vigor, ou seja, um grande volume de acordos internacional entre dois países com vistas a acoplar os seus interesses nacionais de forma mais rápida e especializada.[5] Ademais, esta passou a ser uma estratégia dos países em desenvolvimento como forma de amenizar a interdependência econômica de alguns países, especialmente dos Estados Unidos que desde então tem sido o grande fiador da ordem econômica mundial em razão de 1) ser o controlador das decisões no FMI e Banco Mundial em razão da sistemática de votação e 2) ao esvaziar as negociações multilaterais de comércio internacional.[6]

Desse modo pergunta-se: a fragmentação observada empiricamente na proliferação dos BITs é sinal de que a globalização, como processo, está perdendo tração? A resposta encontra-se na presente obra, que aponta para uma transformação da globalização como um fenômeno que a tudo abraça, para um fenômeno mais palpável e operacional que se possa medir de forma segura as implicações nas diversas facetas da globalização.

---

5   https://investmentpolicy.unctad.org/international-investment-agreements. Acesso em 09/11/2021.

6   Bandelj, N., & Tester, A. (2020). Amplified Decoupling in the Global Economy: The Case of Bilateral Investment Treaties. Socius. https://doi.org/10.1177/2378023120969343

INTRODUÇÃO

Quem, no fim do século XX poderia prenunciar um mundo fora do novíssimo e amplamente difundido contexto da globalização? Uma "fórmula" que permeou toda a construção social dos países e suas relações ao longo das três últimas décadas poderia sofrer alterações em sua lógica?

Um estudo pontual de 2009, do pesquisador Luiz Carlos Delorme Prado[1], se debruçou no entendimento conceitual aplicável do termo globalização. O autor não conseguiu precisar o período exato e a origem da expressão. Entretanto, observou menção ao termo em trabalhos publicados desde meados dos anos 1980. Algumas obras[2], segundo ele, marcam o surgimento do conceito.

> *"O conceito globalização começou a ser empregado desde meados da década de 1980, em substituição a conceitos como internacionalização e transnacionalização. Originalmente, esta idéia era sustentada por setores que defendiam a maior participação de países em desenvolvimento, em especial os NICs (New Industrialized Countries) Latino-*

---

1   Professor do Instituto de Economia da UFRJ, Ph.D em Economia pela Universidade de Londres.

2   O livro de Harvey, 1989, uma obra de grande influência publicada na década de 1980 que trata do tema da Globalização. Outra obra é o livro de Gilpin, 1987, o capítulo 9 é dedicado a "The transformation of the Global Political Economy". Também há a obra de Gill & Law que publicaram em 1989, o livro intitulado "The Global Political Economy".

Americanos e Asiáticos em uma economia administrada
internacionalmente. (Prado, 2009, p.01)"

Segundo Prado (2009, p.3), somente no fim da década de 1980 e início de 1990 o termo globalização começou a ser empregado, particularmente, em dois sentidos: "um positivo, descrevendo o processo de integração da economia mundial; e um normativo, prescrevendo uma estratégia de desenvolvimento baseado na rápida integração com a economia mundial". A partir daí iniciaram-se profundas buscas pela definição conceitual estática de globalização, estudos que abriam inúmeras possibilidades interpretativas sobre o tema.

> *"Pode-se, no entanto, perceber quatro linhas básicas de interpretação do fenômeno: (i)- globalização como uma época histórica; (ii)- globalização como um fenômeno sociológico de compressão do espaço e tempo; (iii) globalização como hegemonia dos valores liberais; (iv) globalização como fenômeno socioeconômico. Um exemplo da primeira abordagem é a posição do influente jornalista Ignacio Ramonet que define Globalização como a característica principal do ciclo histórico em que entramos, depois da queda do muro de Berlim (1989) e do desaparecimento da União Soviética (1991). (Prado, 2009, p.02)"*

Estas múltiplas interpretações levarão a caminhos distintos de análise. Este trabalho atear-se-á à ideia de globalização como compressão do espaço e do tempo, difundida pelos sociólogos David Harvey (1989)[3] e Anthony Giddens

---

3   Harvey, que considera-se um geógrafo social, argumenta que a ordenação simbólica do espaço e do tempo gera o cenário para as experiências pelas quais aprendemos o que somos e onde estamos na sociedade.

(1990-1999). O conceito foi elevado ao prisma econômico por Agnew & Corbridge (1995, p.217),

> "A organização do espaço define relações, não apenas entre atividades, coisas e conceitos, mas também entre pessoas. A organização do espaço define relações sociais. A liberdade do capital em mover-se por todo o mundo (...). Portanto, esta compressão do espaço e do tempo, possível pelas transformações tecnológicas do mundo contemporâneo, daria um poder crescente para o capital globalizado (...)."

Embora, conforme observado, não se tenha um conceito acadêmico e unanimemente aceito e definido, é preciso compreender que a lógica da globalização nasceu há muito tempo. A Rota da Seda, por exemplo, já ensaiava o modelo de comércio entre países. As grandes navegações deram início a uma troca global de produtos, valores, culturas – processo que foi ampliado entre os séculos XV e XVII, quando houve a crescente busca por explorar novos territórios e fazer comércio. Será considerado este o berço das relações internacionais entre países.

Será compreendido, para termos deste trabalho, que a globalização não é um fenômeno europeu, mas um processo que evoluiu a partir da expansão do comércio mundial para o Oriente, que por sua vez já estabelecia um processo de globalização com características chinesas. Logo no início do século XX as condições políticas, econômicas, culturais e tecnológicas começam a ser mais favoráveis à globalização. Após a Segunda Guerra, o fenômeno começa a ganhar força no mundo ocidental capitalista, liderado pelos Estados Unidos com co-participação da Europa e do Japão. O mundo estava dividido praticamente em dois pólos: o mundo liberal-capitalista e o mundo socialista-comunista liderado pela Rússia.

O pressuposto que será defendido neste trabalho é que ao analisar alguns aspectos positivos e negativos da globalização ao longo de sua evolução, é possível notar anomalias no multilateralismo das relações comerciais e uma nova tendência mundial à formação de acordos bilaterais – que contemplam de forma mais vantajosa os interesses dos países ligados àquela determinada relação comercial.

Para avançar, no entanto, será necessária uma definição pontual sobre o contexto histórico e o conceito do multilateralismo.

> *"(...) a compreensão do multilateralismo como uma dinâmica das relações internacionais que tem vindo a marcar e a modificar a natureza da interação entre os Estados e os seus povos. Largamente difundido na Guerra Fria, este já é um fenômeno institucionalizado e cada vez menos contornado pelos atores estatais. Contudo, o sistema das Nações Unidas é um exemplo que demonstra a relação entre o "power politics" e o multilateralismo, num jogo que contribui tanto para reforçar como para diminuir o papel das instancias multilaterais. (Fernandes & Simão, 2019, p.09)"*

As autoras consideram, o fenômeno do multilateralismo uma maneira de cooperação para tomada de decisão coletiva. E que, embora o conceito tenha surgido após a Revolução Industrial do século XIX, "na forma de acordos multilaterais que visavam dar resposta às transformações políticas, sociais e econômicas da época, consideramos que só se torna uma prática sistêmica posteriormente" (Fernandes & Simão, 2019, p.20).

Essa prática sistêmica é peça central na engrenagem conceitual e teórica sobre a qual se debruça este trabalho. O entendimento do multilateralismo e sua prática ao longo dos anos, auxiliará a compreender o momento que marca seu eventual fim na sociedade pós-moderna.

"(...) a opção multilateral pôde tornar-se mais econômica, mais utilitária e, ao mesmo tempo, capaz de gerir de forma mais eficaz e partilhada tudo o que o poder não só não pode resolver como arrisca agravar. Nesse aspecto, o multilateralismo ganha os seus contornos de pós-modernidade. (Badie, 2007, p.231)"

Esse cenário até então promissor para o multilateralismo mundial, tem dado sinais de profunda mudança. O que se pretende analisar neste trabalho é que muitos países vêm se rendendo a uma possível nova estrutura comercial mundial que retorna ao bilateralismo em detrimento do multilateralismo. Os Estados Unidos, por exemplo, desde o Governo de Barak Obama e ainda mais recente e evidente durante o atual Governo de Donald Trump, demonstra claramente estar alterando a rota desse contexto.

Há indícios que de com o início da guerra comercial com a China, os EUA começaram a pautar ainda mais os seus interesses através de acordos bilaterais com outros países do mundo – uma prática que analisaremos comparativamente neste trabalho. Sendo assim, será apresentado a seguir o cenário, a problemática, objeto de pesquisa e a metodologia que se pretende aplicar no estudo.

O capítulo 2 deste trabalho, se debruçará numa profunda análise sobre a globalização e suas nuances. Passará por conceitos de globalização financeira, produtiva e serão apresentados alguns aspectos negativos e positivos do fenômeno.

No capítulo 3, será abordado precisamente os blocos comerciais e trará uma introdução ao multilateralismo. Passará pela regulação atual das relações comerciais, os blocos comerciais e uma possível introdução ao multilateralismo, apresentará anomalias deste conceito, novos rumos à globalização, e, por fim, um paradoxo de relação entre a China e os EUA, o Brexit e chegará ao pressuposto teórico dos acordos bilaterais – um caminho para a lógica do bilateralismo. Também abordará os aspectos jurídicos das relações de controvérsia dos acordos na OMC.

No capítulo 4, será aplicado este novo cenário ao estudo de caso. Será apresentado um mapa do multi ao bilateralismo. Trará as condições de fundo da análise, aspectos ligados a possível nova globalização e fim da Geo Política. Passará pela guerra comercial entre a China e os EUA, como parâmetro para uma mudança comercial global.

Serão apresentadas micro causas possíveis para o caminho do multi ao bilateralismo e será estudado, por fim, os acordos comerciais celebrados pelos governos americanos ao longo dos últimos 20 anos. No capítulo 5, serão apresentadas as considerações finais deste trabalho. E, no capítulo 6, serão entregues as referências bibliográficas que nortearam esta pesquisa.

CENÁRIO

Como apresentado brevemente na introdução, a seguir serão apresentados os parâmetros que norteiam a elaboração deste trabalho. Desde a formatação do cenário até a definição metodológica que se pretende seguir.

Nas últimas duas décadas do século XX todos os estados, povos e indivíduos do planeta tornaram-se progressivamente parte de um mundo global. Porém, com o passar dos anos, desde a criação da Organização Mundial do Comércio - OMC, diante de toda a mudança do cenário mundial, a dinâmica do processo de globalização vem passando por mudanças significativas, que não vêm sendo traduzidas em novas regras com a mesma velocidade com que surgem.

Esse processo de transformação tem levado países a reestruturar as regulações para acordos de livro comércio ou acordos bilaterais o que pode estar levando a OMC à margem e impulsionam estruturas de governo mais fragmentadas e menos em grupo.

A partir de um dado momento passou a ficar cada vez mais claro que havia um esgotamento dos processos de globalização porque as normas criadas para geri-lo não protegiam as partes de maneira equânime. Tanto os países em desenvolvimento quanto dos países desenvolvidos mostram sinais de frustração com a lentidão das rodadas de negociações multilaterais sobre comércio e integração, e isto tem levado a um crescimento sem precedentes de acordos paralelos, segundo divulgado pelo Instituto de Pesquisas Aplicadas do Brasil - IPEA.

Desde o primeiro acordo de promoção e proteção recíproca de investimentos bilateral do mundo, assinado pela Alemanha e pelo Paquistão em 1959, os acordos bilaterais de promoção e proteção de investimentos, ou BITs, do inglês Bilateral Investment Treaty, têm aumentado, especialmente nos últimos anos. Atualmente, há milhares de acordos bilaterais de investimento em vigor, envolvendo a maior parte dos países do mundo.

O processo de assinatura dos tratados bilaterais de investimento nasceu principalmente como uma resposta dos investidores dos países desenvolvidos aos movimentos de nacionalização ocorridos nos países em desenvolvimento e aos apelos destes países assegurados pelo instrumento multilateral – a Carta dos Direitos e Deveres Econômicos Sociais dos Estados (Resolução da Organização das Nações Unidas N.º 3281 de 1974).

Nesse novo cenário, faz-se necessária uma análise do fenômeno de transição do multilateralismo das relações comerciais para novas formas de condução das políticas econômica e internacional nos aspectos econômicos mundiais. É possível que a nova globalização esteja sendo estruturada pela forma como hoje os acordos bilaterais vêm sendo realizados.

PROBLEMÁTICA

A hipótese a ser estudada traz uma análise sobre a notória diminuição das reuniões multilaterais na OMC, o que leva a afirmar que há uma transformação do processo de globalização, e paralelamente, há um significativo aumento dos acordos bilaterais em detrimento dos acordos multilaterais, até então em maioria.

O estudo de caso irá servir de parâmetro para a hipótese levantada e deverá avaliar a tendência dos Estados Unidos como um provável fomentador da nova ordem mundial econômica baseada em acordos bilaterais e nesse sentido, trazer à luz os mais recentes acordos firmados por aquele país nesse formato bipolar, bem como elucidar sua influência na diminuição do poder das organizações internacionais comerciais, militares e de saúde.

Desse modo, será considerado o contexto que aponta para 1) o movimento de diminuição das reuniões na OMC; 2) o aumento da celebração de acordos bilaterais; 3) a nova ordem econômica mundial que vem se estabelecendo e mudando o processo de globalização inicializado por tratados multilaterais; e 4) a influência dessa mudança no cenário político e comercial mundial, indagando-se, a partir dessa pesquisa, qual será o futuro econômico mundial e suas relações de comércio.

Responder estas questões importa na escolha de método de pesquisa que possua caráter exploratório e analítico.

OBJETO DA PESQUISA

Com base no contexto apresentado anteriormente, na revisão preliminar da literatura e nos dados existentes sobre o tema, buscar-se-á analisar o aumento da celebração de acordos bilaterais observado ao longo dos últimos oito anos nos Estados Unidos e procurar-se-á compreender se a celebração destes acordos esvazia a importância da OMC – redirecionando o comércio exterior mundial da lógica multilateralista para a lógica bilateralista.

O objeto de estudo serão os acordos comerciais assinados pelos Estados Unidos durante os últimos quatro anos de gestão do presidente Barack Obama e o primeiro mandato do presidente Donald Trump.

OBJETIVOS

Sendo assim, o objetivo geral que se pretende é compreender se houve aumento da assinatura de acordos comerciais sob a lógica da bilateralidade nos Estados Unidos nos últimos oito anos. Como objetivos específicos desta pesquisa, elencam-se os seguintes pontos:

- buscar uma possível relação entre o aumento do número de acordos bilaterais nos EUA e a ruptura da hegemonia da OMC;
- inferir conceitos inerentes a este novo cenário comercial;
- apresentar análises dos acordos comerciais celebrados e;
- descrever a importância deste novo paradigma para o comércio exterior mundial.

METODOLOGIA

Para alcançar o objetivo, será preciso responder à hipótese da pesquisa que leva a analisar os pontos de resistência, uma vez que na atual formatação – mesmo com a tendência aos acordos bilaterais, essa mudança deverá romper com toda a estrutura que criou a globalização: os grupos capitalistas, a China, uma parte substancial da União Europeia (atualmente manejada por países que têm particular interesse na globalização – França e Alemanha) e alguns segmentos da economia mundial.

Será que esse processo, contrariando as expectativas de todos os que tiveram ganhos com a globalização, tem chance de sucesso? Ou haverá uma tentativa desses segmentos, que se beneficiaram, de criar uma nova forma em que se mantenha a globalização nos termos anteriores, atendendo em parte a essa nova realidade do mercado?

Portanto, tem-se a hipótese: o aumento dos acordos bilaterais tem gerado o esvaziamento das reuniões na OMC, o que indica uma significativa mudança ontológica no processo de globalização.

Sendo assim, a metodologia que será aplicada nesta pesquisa se ampara na pesquisa descritiva e analítica com a abordagem ancorada na Semiótica

Pragmática, que contempla não apenas a análise sobre o texto, mas abarca inferências possíveis com relação ao contexto, não se restringindo à observância apenas dos acordos celebrados entre os EUA e outros países, mas também ao contexto relacionado deste possível aumento de acordos bilaterais com um "esvaziamento" de poder da OMC. Também será interessante as estratégias discursivas que envolvem o contexto.

A natureza qualitativa da metodologia que será adotada no trabalho está ligada ao propósito da pesquisa em promover uma microanálise do processo causal para captar as interações dinâmicas existentes no fenômeno, o que equivale a dizer que as pressões internas das elites capitalistas podem estar trazendo uma transformação do processo de globalização e o consequente aumento do bilateralismo na celebração dos acordos comerciais entre países. O objetivo é verificar que fenômenos podem ter levado ao esvaziamento do multilateralismo.

Para alcançar este objetivo na pesquisa, serão adotadas as técnicas de process tracing (PT) e análise dos principais acordos comerciais celebrados pelos Estados Unidos nos últimos 20 anos. "O PT nas Ciências Sociais é o tipo básico de investigação científica que tem caráter exploratório e analítico no sentido de compreender melhor fenômenos multicausais e cujas interações sejam difíceis de captar." (Brady & Collier, 2010, p.4)

> "Essa técnica envolve a observação minuciosa do fenômeno
> e o exame de evidências em um estudo de casos que possam
> contribuir para confirmar ou não a hipótese de pesquisa,
> resolvendo assim dificuldades metodológicas surgidas nas
> pesquisas quantitativas." (Bennett, 2005, p.26)[4]

---

4   O PT consegue: 1) estabelecer inequivocamente a direção causal; 2) afastar a influência de variáveis ocultas no modelo; e/ou 3) detectar a existência de uma relação espúria (spuriousness) entre as variáveis de estudo.

Com esta técnica, serão buscadas a identificação de condições minimamente suficientes para medir a contribuição inferida na hipótese de pesquisa e se não houve contribuição, quais os fatores de relevância para sua não ocorrência, além de detectar outros fatores ou variáveis que possam ser importantes para o estudo. (Beach & Pedersen, 2013, p.170)

Pretende-se aplicar o PT nos principais acordos comerciais dos EUA embasado nas seguintes categorias de análise. Abaixo, a aplicação das categorias de análise:

1. **natureza do acordo**: nesta categoria, será identificado se o acordo teve respaldo na lógica multilateralista ou bilateralista;

2. **data e repercussão**: nesta subcategoria será analisada a data do acordo e suas eventuais repercussões nos âmbitos político e econômico;

3. **ruptura da lógica Multilateralista**: averiguar-se-á se houve rompimento dos acordos multilaterais americanos, o que eles significavam antes em termos de comércio exterior, pontuando se eram positivos ou negativos para a economia americana;

4. **adoção da lógica Bilateralista**: averiguar-se-á eventuais novos acordos bilaterais assinados pelos governos e o quanto isso representa em termos de vantagem comercial e reequilíbrio do comércio mundial americano;

5. **conclusão geral**: buscar-se-á inferir quais as perspectivas dentro desses gráficos de tendência que poderão obter para o novo cenário mundial econômico, levando sempre em conta o caso americano.

George e Bennett (2004, p.19) afirmam que a seleção de casos deve fazer parte da estratégia do pesquisador de acordo com seus objetivos e deve cumprir dois requisitos básicos, quais sejam, 1) os casos devem ter relevância para o objetivo da pesquisa; e 2) devem ser selecionados para manter o controle demandado pela questão de pesquisa.

Para que a pesquisa possa ganhar analiticamente com o estudo de caso deve ainda utilizar dois ou mais casos e reconhecer a existência de uma forte associação positiva entre as variáveis de estudo, assim, escolhendo casos em que os valores dessas variáveis estejam presentes (Gerring & Seawright, 2008, p.38).

Desse modo, a seleção de casos seguirá a modalidade typical case, cujo objetivo é obter casos representativos de uma população de potenciais casos para testar a hipótese de pesquisa (Gerring & Seawright, 2008).

Portanto, feitas as considerações metodológicas sobre a seleção dos casos e objeto da pesquisa, será optado pelo recorte de objeto centrado nos acordos comerciais celebrados nos EUA durante os últimos quatro anos de mandato do ex-presidente Barack Obama e os quatro anos de mandato do atual presidente Donald Trump.

Justifica-se a escolha dos casos como sendo ambos representativos para a análise do fenômeno de rompimento dos acordos multilaterais nos quais os Estados Unidos estavam envolvidos naquele período. Será necessário avaliar a evolução dos acontecimentos no cenário econômico no final da Era Obama e no início da Era Trump para que se possa definir o momento inicial dessa transformação. No curso da investigação serão identificadas outras possíveis implicações vis-à-vis a hipótese de pesquisa formulada.

Como principal contribuição científica, o presente projeto produzirá dados empíricos originais sobre as possibilidades e as razões de ser, de dois pontos de vista: redução dos acordos multilaterais e aumento dos acordos bilaterais, uma tendência mundial hoje.

A análise de hipóteses e possibilidades trará algumas respostas sobre essa nova tendência mundial que vale a pena ser estudada, pois não morrerá nem pelo sucesso nem pelo insucesso. Havendo uma mudança na política americana, a globalização poderá ganhar espaço novamente e esses conceitos que vamos levantar terão mais força, porém não fará com que as ideias de acordos bilaterais deixem de existir. Portanto, este estudo poderá contribuir positivamente para o futuro independente do cenário mundial a ser formado após a eleição americana de 2020.

Os resultados esperados permitirão expandir o conhecimento de como a forma como são celebrados os acordos comerciais pode mudar o rumo da globalização. Some-se a este resultado o desenvolvimento de uma futura agenda de pesquisa mais ampla no que toca a o cenário econômico mundial.

PÓS-GLOBALIZAÇÃO: UM MUNDO EM TRANSFORMAÇÃO

Como dito, a globalização é o cenário sobre o qual se debruça essa pesquisa. Uma premissa que norteará para identificar qual o movimento futuro que deve ser esperado no contexto global para o comércio exterior e legislações internacionais. Será ancorado em uma definição que compreende a globalização como fenômeno socioeconômico com impactos reais nos contextos políticos, econômicos e legais.

> *"A ideia de Globalização como fenômeno socioeconômico foi sustentada por autores como Reinaldo Gonçalves (1999) que argumentou que a globalização pode ser definida como a interação de três processos distintos, que tem ocorrido ao longo dos últimos 20 anos, e que afetam as dimensões financeira, produtiva-real, comercial e tecnológica das relações econômicas internacionais. (Gonçalves, 1999. p.20)"*

Este pressuposto somado à conclusão de Prado (2009, p.5) garantirá a distinção dos mundos já consolidados da globalização para posteriormente apresentar um possível redimensionamento da lógica atual que rege este fenômeno – o multilateralismo.

"Definimos Globalização como o processo de integração de mercados domésticos, no processo de formação de um mercado mundial integrado (...). Nesse sentido, pode-se dividir o fenômeno da Globalização em três processos, que, no entanto, estão profundamente interligados: globalização comercial, globalização financeira e globalização produtiva.

(Prado, 2009, p. 04)"

A globalização tem sido acolhida como uma das definições mais empregadas para descrever a totalidade do sistema capitalista e sua dominância no mundo. Na prática, a globalização é entendida como a integração total ou parcial entre diferentes regiões do mundo para fomentar questões relevantes globalmente.

O conceito que acolheremos considera o fenômeno como um processo que está em constante transformação, evolução.

Para Stiglitz (2002, p.37), a globalização apresenta duas faces controversas: de um lado, o conhecimento chegou às populações por meio deste fenômeno, o que pode ter auxiliado o comércio internacional e fomentado o crescimento de muitos países. De outro lado, o fenômeno gerou desigualdades com vantagens econômicas para alguns países e aumento de níveis de pobreza para outros.

Prado (2009, p.14) ainda defende "o uso popular do conceito de globalização como expressão de uma mudança econômica produzida pela dinâmica das inovações tecnológicas, sendo simultaneamente fenômeno inevitável e desejável, é impreciso, embora cumpra seu papel de legitimar certa interpretação do mundo".

Para compreender a dinâmica do processo de globalização, serão apresentadas as três dimensões do fenômeno, consideradas por Prado (2009): comercial, financeira e produtiva.

GLOBALIZAÇÃO COMERCIAL

A globalização comercial é compreendida como a integração dos mercados através do comércio internacional. É medida a partir da taxa de crescimento médio anual do comércio do mundo inteiro. A globalização comercial se materializa quando a taxa de crescimento médio anual se torna superior ao PIB mundial. Quando o fenômeno se dá apenas no âmbito regional é chamado de integração econômica.

A globalização comercial não é um fenômeno novo. A primeira ocorrência foi datada na década de 1930 quando ocorreu o primeiro momento de expansão da globalização.

Com o fim da II Guerra Mundial, o crescimento do comércio internacional incentivado, principalmente pelos EUA, impulsionou a busca por regras específicas para facilitar acordos multilaterais entre países. O GATT, criado a partir da Conferência de Havana em 1947, trouxe normas para regulamentar as relações de comércio (trocas e vendas) no âmbito internacional.

> *"O GATT foi importante passo para o comércio internacional, adotando princípios que hoje são a base das principais regras da Organização Mundial do Comércio, a OMC. Após sua fundação, a OMC passou a ter papel de destaque na regulamentação do comércio mundial, tendo como um dos objetivos principais a busca pelo desenvolvimento dos ditos países do "sul" econômico, os países subdesenvolvidos.*
> *(Prado, 2009, p 29)"*

Surge então a OMC já com uma trajetória marcante na solução de controvérsias entre países signatários. Sendo assim, compreende-se que a globalização comercial é a mais fácil de ser mensurada, conforme nos lembra Prado (2009, p.25),

"A globalização comercial é a mais facilmente mensurável e sua discussão não é particularmente controversa: se o crescimento do comércio mundial dar-se a uma taxa de crescimento média anual mais elevada do que a do PIB mundial podemos afirmar que há globalização comercial".

GLOBALIZAÇÃO FINANCEIRA

Outro conceito que é interessante no âmbito desta pesquisa é a globalização financeira. De acordo com Plihon (2007, p.83), a globalização financeira pode ser definida como um processo de interligação dos mercados de capitais aos níveis nacionais (mercados de empréstimos e financiamentos, títulos públicos e privados, monetário, cambial, etc.) e internacionais, conduzindo ao aparecimento de um mercado unificado do dinheiro à escala planetária.

O crescimento dos fluxos internacionais e a desregulamentação dos serviços financeiros internacionalmente vêm sendo acompanhados por frequentes crises, oriundas do fim do sistema de Bretton-Woods, o sistema negociado para reorganizar as relações econômicas internacionais depois da Segunda Guerra, visando a evitar outra grande instabilidade monetária nas tentativas de recriação do padrão-ouro. Os pressupostos garantiam que: o dólar seria considerada a moeda referência do sistema; taxas de câmbio fixas regulariam o regime de outras moedas; conta capital com movimentos especulativos controlados; o novo sistema monetário seria supervisionado e operado pelo FMI.

Nos idos de 1948 e 1971, o fundamento Bretton-Woods, junto às políticas keynesianas, ajudaram os EUA e países da Europa Ocidental. Porém, enfrentou um desafio, pois não foi viável reunir liberdade de capital e câmbio fixo com política monetária autônoma voltada para fins domésticos. Desse modo,

"A globalização financeira é o processo de integração dos mercados financeiros locais - tais como os mercados de empréstimos e financiamentos, de títulos públicos e privados, monetário, cambial, seguros etc. aos mercados internacionais. No limite os mercados nacionais operariam apenas como uma expressão local de um grande mercado financeiro global. Portanto, este fenômeno não trata apenas do crescimento de transações financeiras com o exterior, mas na integração dos mercados financeiros nacionais na formação de um mercado financeiro internacional. (Prado, 2009, p. 14)"

O regime da globalização financeira passou a ser questionado para regulação da economia mundial. Houve então consenso para que uma reforma financeira internacional ocorresse para realinhar a globalização dos mercados.

O início do século XXI traz à tona a necessidade de um "novo Bretton Woods", um novo regime de política cambial.

Ainda, segundo Prado (2009, p.25), a dimensão financeira é o aspecto mais importante da globalização. Desde 1970 houve crescimento de transações financeiras entre países. Duas principais características são constatadas: o crescimento da mobilidade da poupança e a internacionalização dos serviços financeiros.

A globalização financeira é uma importante ferramenta de mediação e análise dos níveis de financiamento dos déficits em transações na economia mundial.

A Rebel Tecnologia e Correspondente Bancário (2018) conceitua o termo globalização financeira como a integração dos sistemas financeiros nacionais e internacionais e o aumento da concorrência no mercado de capitais e daquilo que pode interferir na compra e venda de ações.

Podemos considerar que a globalização financeira é a interligação dos mercados financeiros internacionais e, fomentou o mercado financeiro global.

O que significa dizer que situações que acontecem em qualquer parte do mundo podem afetar localmente uma empresa de nacionalidade estrangeira.

Consideraremos que a descompartimentação dos mercados, a desregulação da atividade econômica e a redução de intermediários são as principais características da globalização financeira.

O conceito, surgiu nos EUA, na década de 80, promoveu uma grande integração das relações econômicas mundiais. Todas as vezes que pensamos mercado de ações, mercado de câmbio, mercado de commodities, o mercado de matérias-primas, estamos pensando na globalização financeira.

Na compra e venda de ações, de matéria-prima, de commodities ou troca de moeda já está acontecendo a globalização dentro do cenário econômico-financeiro e esses mercados não são afetados apenas pelas ações tomadas por quem participa deles. No caso da compra e a venda de commodities, por exemplo, perdas de safra em função do mau tempo, de um acidente ou de uma crise sanitária em determinado país, como exemplos, podem causar variação de preços no mercado financeiro global.

GLOBALIZAÇÃO PRODUTIVA

Prado (2009, p.28) descreve a globalização produtiva como sendo uma integração internacional da cadeia produtiva. Um macro sistema que integra empresas locais, beneficiando-as com vantagens competitivas, uso de tecnologia e técnicas. Empresas estas que tiram proveito de oligopólios concentrados em função de barreiras protecionistas, de oligopólios diferenciados pela força de suas marcas, e de rendimentos crescentes de escala,

> *"A dimensão produtiva da globalização é um de seus aspectos mais complexos e difíceis de ser tratado. Em nossa definição chamamos de globalização produtiva o processo de integração das estruturas produtivas domésticas em uma estrutura produtiva internacional. (Prado, 2009, p.7)"*

O investimento direto internacional ocasiona o processo de globalização produtiva. A internacionalização das estruturas de mercado e a competição empresarial global estão entre os principais fatores observados neste fenômeno.

As empresas transnacionais ganham espaço e refletem suas vantagens competitivas no comércio internacional. A revolução nos meios de comunicação alimentou o crescimento da globalização comercial através do desenvolvimento de condições tecnológicas para maior integração produtiva internacional.

As ET´s (Empresas Transnacionais Modernas), ganham maior projeção e força nos Estados Unidos após a II Guerra Mundial. A projeção do poder político e econômico americano e o apoio governamental fizeram as operações de empresas no exterior menos arriscadas e criaram um ambiente favorável nos países hospedeiros (Huntington, 1975, p.103).

A reação das empresas aos desafios da economia internacional é o que chamamos de competição global.

> "As empresas japonesas contribuíram para alterar a competição global, quando a partir da década de 1980 passam a ocupar porções de mercado antes dominadas por empresas ocidentais. Essa participação no mercado era possível porque as exportações de produtos finais não vinham apenas do Japão, mas a partir de várias bases produtivas no Leste Asiático, beneficiando-se da forte integração da estrutura produtiva naquela região. O produto passou a ser identificado não mais pelo país em que era produzido, mas pela sua qualidade através da marca. (PRADO, 2009 p. 09).

O mercado global passou a se reordenar a partir desse novo contexto. E este entendimento nos assegura o cenário que estamos tratando de delinear neste trabalho. Uma nova forma padrão de investimento mundial surgiu a partir da necessidade das empresas ocuparem posições nos grandes mercados. As empresas tornaram atores globais neste contexto.

> *"A globalização produtiva é uma das mais importantes dimensões do fenômeno da globalização. As empresas globais não são apátridas, pois toda empresa está conectada a um determinado país ou conjunto de países, onde se localiza sua matriz e onde se encontra seu núcleo de decisão política. A partir desse núcleo que elas negociam com os governos para projeção de seus interesses estratégicos. (Prado, 2009, p. 10)"*

O aumento de tributos dos países sede das empresas transnacionais acabou levando-as a instalar suas matrizes, para efeito legal, em países que lhe ofereciam melhores condições tributarias ou mesmo isenção, fazendo com que realmente se tornassem independentes de seus países originais.

Desta forma, países como EUA perderam arrecadação, pois suas grandes empresas imigraram para o que se chamariam paraísos fiscais, além da perda de empregos, pois a competição com os países em desenvolvimento, particularmente asiáticos, oferecia mão de obra excessivamente barata, com trabalhadores sem nenhuma proteção social que trabalhavam quase em regime de escravidão.

Neste contexto surge a necessidade de criação de organismos internacionais e órgãos reguladores para as discrepâncias econômicas e comerciais que passaram a surgir. A OMC é o maior exemplo disso.

OMC: REGULAÇÃO JURÍDICA DAS RELAÇÕES COMERCIAIS

Em 1995, surge a origem da Organização Mundial do Comércio (OMC). Uma remontagem do Acordo Geral sobre Tarifas e Comércio (GATT), assinado em 1947. O GATT impulsionou as regras do sistema multilateral do comércio entre 1948 e 1994.

Um total de oito negociações comerciais foram mediadas pelo GATT. A oitava negociação, conhecida como Rodada Uruguai, culminou com a criação da OMC e de um novo conjunto de acordos multilaterais que formaram o corpo normativo da nova Organização, que desde então tem atuado como a principal instância para administrar o sistema multilateral de comércio.

Segundo sua página oficial, a OMC "A organização tem por objetivo estabelecer um marco institucional comum para regular as relações comerciais entre os diversos Membros que a compõem, estabelecer um mecanismo de solução pacífica das controvérsias comerciais, tendo como base os acordos comerciais atualmente em vigor, e criar um ambiente que permita a negociação de novos acordos comerciais entre os Membros. Atualmente, a OMC conta com 164 Membros, sendo o Brasil um dos Membros fundadores". A figura 1 ilustra a abrangência de atuação da OMC no mundo.

De acordo com a OMC, as regras do comércio internacional devem se basear nos princípios do Direito Internacional do Comércio, referência para muitas decisões nas concorrências comerciais. A OMC absorveu do GATT os princípios que norteiam a regulamentação multilateral do comércio, dos quais se destacam:

- Princípio da nação-mais-favorecida: o membro da OMC deve igualmente oferecer concessão, privilégio ou benefício a todos os seus parceiros comerciais, sem diferenciação. Esse princípio objetiva evitar que haja privilégios entre alguns países. A exceção ocorre quando países com privilégio formam um bloco econômico;

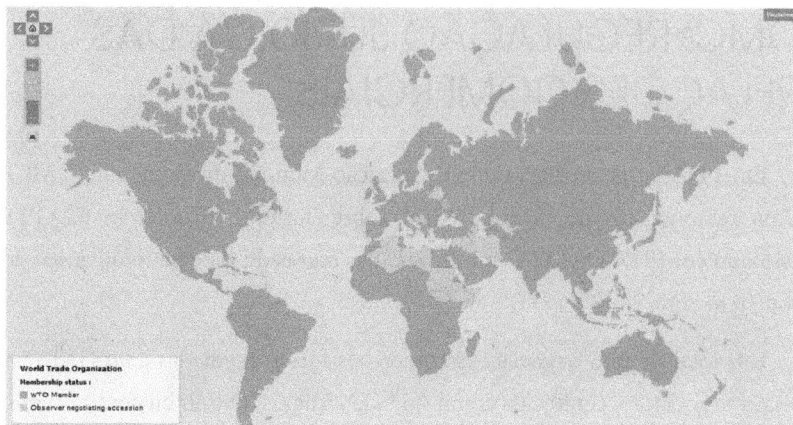

Figura 1 - Mapa múndi com sinalização de todos os países membros da OMC. Fonte: OMC (2020).

- Princípio do tratamento nacional: quando um serviço importado ou produto entra no território do membro importador e deve receber o mesmo tratamento de produto ou serviço similar;

- Princípio da consolidação dos compromissos: o membro da OMC deve oferecer aos outros membros tratamento tão favorável quanto ao previsto na sua lista de compromissos;

- Princípio da transparência: para que possam ser conhecidos por todos, os membros devem dar publicidade a todas as decisões gerais sobre comércio internacional, regulamentos e leis.

A OMC é composta por diversos órgãos, cada qual com uma função própria. Até o presente momento, já foram realizadas onze Conferências Ministeriais da OMC, sendo elas: Singapura (1996), Genebra (1998), Seattle (1999), Doha (2001), Cancun (2003), Hong Kong (2005), Genebra (2009 e 2011), Bali (2013), Nairóbi (2015) e Buenos Aires (2017).

A Rodada de Doha, lançada na Conferência Ministerial de Doha, foi a primeira rodada para negociação realizada na esfera da OMC e suas negociações seguem em andamento. A agenda da rodada de Doha incluía na pauta temas diversos, tais como: tarifas, agricultura, serviços, facilitação de comércio, solução de controvérsia e diretrizes ou "regras".

Alguns autores, como Bohnenberger e Weinhardt (2017, p.97), apontam que as negociações da Rodada de Doha, que vêm se arrastando por quase duas décadas, não geraram muitos resultados, ao passo que cresce a necessidade de redigir novas regras que captem a natureza em transformação do comércio global. Esse cenário vem incentivando o preenchimento das lacunas de regulação oriundas de acordos de livre comércio, sejam regionais ou bilaterais, fato este que deixa a OMC gradualmente mais à margem, gerando estruturas de governança mais divididas.

O entendimento estrutural e operativo da OMC, permite conceber sua relevância frente ao cenário da problemática que se propõe análise. Será investigado mais adiante como, e se, essa evolução contribui para aprofundar as incertezas sobre o futuro do sistema de comércio global e sua instituição central, a OMC, levando à crescente fragmentação da regulação do comércio global e à emergência de sentimentos antiglobalização que definirão o futuro do sistema comercial.

O SISTEMA DE SOLUÇÃO DE CONTROVÉRSIA NA OMC

É importante considerar na perspectiva deste trabalho, o sistema de solução de controvérsia que se estabeleceu no âmbito da OMC para regulação dos acordos na lógica multilateralista. O Direito foi usado como técnica fundamental para obtenção da paz mundial e para mediação dos acordos entre países desde o início das relações internacionais.

> "Law is an order of security, that is of peace, diz Kelsen
> e mesmo que não se possa dizer, como ele aponta na 2ª
> edição de The Pure Theory of Law, alterando o que dissera

> *em General Theory of Law and State, that the state of law is necessarily a state of peace and that the securing of peace is an essential function of law não há dúvida, nas palavras do próprio Kelsen, que the development of law runs in this direction. (Lafer, 1996, p.03)"*

Ao longo da história, o Direito é visto como uma ferramenta fundamental para viabilizar a paz entre as nações. Esta atuação se dá por meio da solução pacífica de controvérsias.

> *"A solução de controvérsias é, (...) uma 'obrigação de conduta' dos Estados, cabendo ressalvar que não é um a obrigação de resultados. Esta 'obrigação de comportamento' é vista como parte integrante indispensável para levar a Friendly relations and cooperation among states in accordance with the Charter of the United Nations para lembrar a conhecida Resolução da Assembleia Geral da ONU de 1970. (Lafer, 1996, p.04)"*

Esse pressuposto jurídico é necessário para compreender a relevância do Direito na regulação da própria lógica do multilateralismo e na sua eficácia para mediação dos conflitos e aprovação dos acordos entre os blocos. Mais adiante, na lógica bilateralista, esta noção nos mostrará que o Direito segue como instrumento fundamental na composição dos acordos bilaterais que, como será investigado nesta pesquisa, podem estar por pressupor a lógica multilateralista.

> *"O art. 33, § - da Carta da ONU elenca estes meios, e a Declaração de Manila de 1982 da Assembleia Geral sobre*

Solução Pacífica de Controvérsias (G.A. Resolution 37/10),
que retoma a Declaração de 1970 sobre Friendly relations,
observa que as partes escolherão os meios pacíficos apropriados
em função das circunstâncias e da natureza da controvérsia.
Com o é sabido, estes meios, estas técnicas voltadas para a
convivência pacífica, são negociação, inquérito, mediação,
conciliação, arbitragem, solução judicial, que se diferenciam
pelo grau de controle que as partes retêm, ou não, sobre o
encaminhamento da solução de um a controvérsia. (Lafer,
1996, p.05)"

Também precisa-se considerar que a estrutura jurídica da OMC se consolidou sobre uma ótica de diminuição dos atritos e acomodação de interesses mais genéricos nos acordos celebrados entre os países. É fundamental que as instâncias legislativas de cada país aprovem os acordos celebrados, e, para isso, os mesmos são desenhados com uma ótica mais simplista e mais direta do ponto de vista legal. Tudo em busca de uma aprovação rápida e eficaz de seu teor. O mesmo se mantém nas lógicas bilateralistas de relação comercial entre os países. Uma forma de conseguir aprovação legislativa dos acordos nos países signatários.

O entendimento desta centralidade do Direito na regulação das relações comerciais é fundamental para compreendermos a lógica dos blocos comerciais que apresentaremos no capítulo a seguir.

BLOCOS COMERCIAIS: UMA INTRODUÇÃO AO MULTILATERALISMO

Para averiguar amplamente o conceito de multilateralismo, precisa-se constatar a origem e a razão da formação dos blocos comerciais entre países no contexto da globalização. É urgente esse posicionamento para identificar que o multilateralismo não nega a globalização, mas é sim, seu efeito mais aparente até agora estudado.

Para isso, uma definição preliminar de blocos comerciais apresentada pelas pesquisadoras Petri & Weber (2006) torna-se interessante, quando se debruçaram a observar o contexto originário de formação dos blocos comerciais a nível da sociedade globalizada. Uma definição que será acolhida, como afirmado, não antepor os conceitos de globalização e multilateralismo, mas sim, para equipará-los como complementares,

> "Acredita-se que a integração econômica, através da formação de blocos regionais, aparece como uma estratégia dos países para proteger-se dos aspectos negativos da globalização. A ampliação de um espaço econômico integrado parece ser uma alternativa, não para frear o processo de globalização, mas para que os países busquem ordenamentos comuns, respeitando a sua própria pluralidade cultural, econômica e social, elevando assim as chances de diminuir a exclusão e projetar os setores já bem desenvolvidos. (Petri & Weber, 2006, p. 91)"

Dessa forma, a formação de blocos econômicos teria como objetivo criar condições para fomentar e fortalecer a economia do mundo globalizado. Em todas as modalidades de bloco econômico, a ideia é reduzir e/ou eliminar as tarifas ou impostos de importação e exportação entre os países membros.

> "A formação de blocos vai ocorrer neste contexto, alimentada por sistemas de forças originalmente antagônicos: eliminar fronteiras, de um lado; preservá-las, de outro. (Petri & Weber, 2006, p. 91)".

Compreenderemos, portanto, que a redução de barreiras ao comércio é conceituada como regionalismo. (Bhagwati, 1999, p. 22).

Considera-se também o regionalismo como um processo, como um conjunto de medidas cujo objetivo é abolir, de maneira progressiva, a discriminação entre as unidades econômicas de diferentes nações (Balassa, 1980, p.1). A ideia original dos blocos econômicos é conferir, conforme observado, uma certa organização ampla e multinível (cultural, social, econômica e política) aos países.

Nesse contexto, a organização dos blocos econômicos pode ser vista como uma tentativa de expansão do mercado consumidor, em que as nações visam a flexibilizar as relações comerciais em escala internacional. O objetivo dos acordos é determinar tratados para padronizar as ações fiscais no que toca à isenção ou diminuição de impostos sobre serviços comercializados e mercadorias entre os seus membros.

Os blocos econômicos podem proporcionar a livre circulação de pessoas entre os países membros de um determinado bloco e não estão restritos apenas à redução ou isenção de tarifas alfandegárias. De acordo com as suas características, podem ser classificados:

- **zona de livre comércio**: acordo para anulação ou diminuição das taxas alfandegárias entre os países do bloco. Exemplo: o extinto Acordo de Livre Comércio da América do Norte (NAFTA);

- **união aduaneira**: reduz e elimina as tarifas comerciais entre os países do bloco, bem como regulamenta, através da TEC (Tarifa Externa Comum), o comércio com as nações não pertencentes, como por exemplo, o Mercado Comum do Sul (MERCOSUL);

- **mercado comum**: permite a livre circulação de serviços, capitais e pessoas no interior do bloco. Exemplo: União Europeia (UE);

- **união econômica e monetária**: os países praticam a mesma política de desenvolvimento e uma moeda única. É o que ocorre atualmente na União Europeia.

Os principais blocos econômicos são:

- APEC – Cooperação Econômica da Ásia e do Pacífico;
- ASEAN – Associação das Nações do Sudeste Asiático;
- CARICOM – Mercado Comum e Comunidade do Caribe;
- CEI – Comunidade dos Estados Independentes;
- CAN – Comunidad Andina (Pacto Andino até 1996);
- MCCA – Mercado Comum Centro Americano;
- MERCOSUL – Mercado Comum do Sul;
- NAFTA – Acordo de Livre Comércio da América do Norte;
- SADC – Comunidade da África Meridional para o Desenvolvimento;
- UE – União Europeia.

A distribuição dos blocos econômicos pelo mundo pode ser visualizada no mapa da figura 2, a seguir:

Figura 2 - Blocos Econômicos e organizações intergovernamentais mundiais

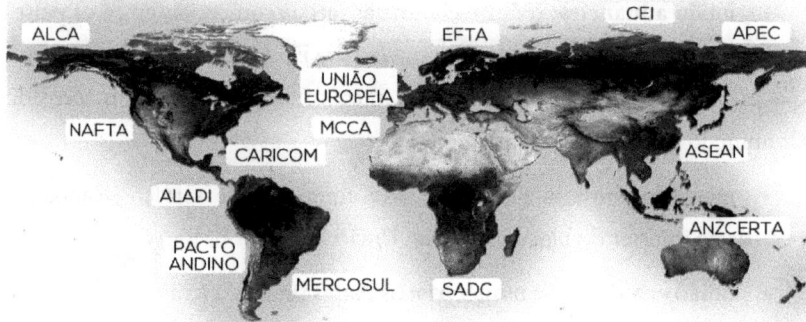

Fonte: Mundo educação (2020).

É importante, no entanto, salientar que alguns pesquisadores defendem que o bloco é, no fundo, produto do Estado Nacional, e principalmente do vetor preservacionista da fronteira.

> *"Buscando uma integração maior ou menor entre seus membros, notadamente econômica, o bloco seria a maneira dos países se fortalecerem em conjunto, evitando enfrentar isoladamente a concorrência internacional. Uma vez que, o livre-cambismo aparece apenas no discurso, pois na prática o protecionismo não desapareceu. Outros, contudo, veem a formação de blocos como uma escalada no sentido da abolição de fronteiras, pelo menos econômicas, constituindo uma regionalização do espaço que tende a se tornar integralmente global. (Petri & Weber, 2006, p. 92)"*

A seguir, será apresentado a averiguação do conceito de multilateralismo com respaldo no cenário que foi abordado até agora. Uma análise que será fundamental neste trabalho para constatação de uma eventual superação deste conceito por uma lógica mais bilateralista.

Deve-se perseguir o conceito de multilateralismo a partir do aspecto histórico muito bem consolidado por outras duas pesquisadoras, Sandra Fernandes e Licínia Simão (2019). Elas apresentam um olhar profundo sobre o surgimento da lógica do multilateralismo que também será considerado neste trabalho.

As autoras apresentam o esboço do multilateralismo mundial a partir do chamado Concerto Europeu, criado em 1815, após as guerras napoleônicas. Neste período, as potências europeias decidiram marcar encontros regulares em tempos de paz, para o "bem da Europa" (Fernandes & Simão, 2019, p.20),

> "A cooperação multilateral é, em primeira análise, uma forma de cooperação conducente à tomada de decisão coletiva. Apesar de ter surgido após a Revolução Industrial do século XIX na forma de acordos multilaterais, que visavam dar resposta às transformações política, sociais e econômicas da época, consideramos que só se torna uma prática sistêmica posteriormente. Quando o presidente norte-americano Woodrow Wilson enuncia, em 1918, os '14 pontos' que deveriam nortear os termos da paz no final da primeira guerra mundial, o multilateralismo é uma parte integrante de sua visão da ordem internacional pós-guerra. (Fernandes & Simão, 2019, p.20)"

Esse recorte histórico dá uma noção do momento em que o ideário do multilateralismo acontece na história mundial. Esse cenário é extremamente relevante à medida que se propõe, neste trabalho, averiguar se está nascendo uma nova lógica mundial que pressuporá o conceito de multilateralismo e sua predominância atual.

Seguindo essa premissa, compreende-se que o multilateralismo se trata de uma lógica subjetiva que paira sobre a organização política e econômica mundial, coordenando-a, limitando-a e ao mesmo tempo obedecendo a um fluxo irregular e não padronizado de acordos e decisões entre países em blocos.

> *"(...) propor a compreensão do 'multilateralismo', como uma dinâmica das relações internacionais que tem vindo a marcar e a modificar a natureza da interação entre os Estados e os seus povos, de forma muito visível desde 1945. Este é um fenômeno institucionalizado, amplamente divulgado no período da Guerra Fria, e cada vez menos contornado pelos atores estatais. Contudo, o sistema das Nações Unidas é um exemplo que demonstra a relação entre "power politics" e multilateralismo num jogo que contribui tanto para reforçar como para diminuir o papel das instancias multilaterais.*
> *(Fernandes & Simão, 2019, p.09)"*

Esse entendimento, permite inferir a dinâmica em movimento operada pelo multilateralismo no contexto global. Uma lógica que interfere em todo o contexto da globalização nos mundos da política, da economia, da soberania dos países e obrigou a construção e organização de uma estrutura de relações internacionais entre os países pautada na diplomacia, ponto que será tratado mais adiante.

> *"O fenômeno (multilateralismo) insere-se, assim, na pós-modernidade na medida em que a opção multilateral pode tornar-se mais econômica, mais utilitária, e, ao mesmo tempo, capaz de gerir de forma mais eficaz e partilhada tudo o que*

o poder não só não pode resolver como arrisca agravar. Neste aspecto, o multilateralismo ganha os seus contornos de pós-modernidade. (Badie, 2006, p. 231)"

Entende-se ainda que o multilateralismo pode ser definido como sendo a redução indiscriminada de barreiras ao comércio, entendendo-se que o termo "indiscriminada" é utilizado no sentido de que a redução de barreiras se estende a todos os países inseridos no sistema mundial de comércio (Bhagwati, 1999, p. 22).

ANOMALIAS DO MULTILATERALISMO E OS NOVOS RUMOS DA GLOBALIZAÇÃO

A seguir, serão identificadas algumas discrepâncias neste modelo multilateralista que foi apresentado anteriormente. Um recorte necessário para identificar uma eventual transição de modelos lógicos com impactos na regência da própria globalização.

No final da década de 1990, ondas de crises financeiras nas economias emergentes desafiaram a apologética de um mundo sem fronteiras como um inquietante tsunami (Gama & Camargo, 2018). Este momento é um marco para o que se considera o início de uma ruptura à lógica central do multilateralismo até então.

Será importante considerar que aconteceram inúmeras alterações de poder mundialmente na década de 1990. Essas alterações às estruturas globais de poder, que se fizeram sentir, mais particularmente com o desmembramento da União Soviética em 1991, tiveram impacto na agenda multilateral e nas expectativas relativas à gestão das questões governamentais, conforme nos mostram as pesquisadoras Fernandes & Simão (2019, p.27),

"O momento unipolar dos Estados Unidos previa-se particularmente visível em duas dimensões centrais da agenda internacional. Por um lado, nas questões securitárias, onde as emergências complexas da década de 1990 desafiavam a ONU e outras organizações regionais a desenvolver mecanismos de prevenção de conflitos, de gestão de crises e de intervenção humanitária mais eficazes (...). Por outro lado, as questões econômicas referentes à regulação do comércio mundial viram os EUA exercer liderança na promoção da liberação comercial, quer no âmbito multilateral, quer bilateral".

Sendo assim, para que a ONU pudesse garantir a paz e a segurança internacional, o envolvimento militar e político dos EUA era crucial. Mais adiante será retomada essa questão do protagonismo americano frente ao processo regional dos blocos comerciais e das organizações políticas respaldadas no multilateralismo.

Outro ponto histórico importante que deve ser acolhido é a chegada da crise de 2008, a mais grave desde o Crash de 1929, coloca em xeque, mais uma vez, a eficácia do modus operandi desenvolvido após o acordo de Bretton Woods, ou seja, coloca em xeque o mecanismo regido pelas regras da OMC.

A crise financeira de 2008 foi um ponto de virada nas relações exteriores. Foi o ápice de um impasse prolongado nas instituições multilaterais. Afetou debates sobre a distribuição do poder no sistema internacional, bem como sobre os mecanismos de governança internacionais. O despontar da crise acentuou as contradições de uma economia globalizada, que teve crescimento assimétrico por décadas e, na maioria das vezes, era livre de contestações.

"A crise econômica iniciada em 2008 teve uma peculiaridade: não ocorreu nos países em desenvolvimento, mas nos países centrais do capitalismo, e com proporções e

desdobramentos mais amplos. Essa crise ativou um processo de transformação nos mecanismos de governança global: a perda de legitimidade do G-8, a ampliação das discussões substantivas para o G-20 e o reforço e capitalização do FMI, embora com incertezas com relação a seu papel futuro. Assim, em 15 de novembro de 2008 ocorreu a primeira cúpula de líderes do G-20 em Washington que visava a 'restaurar o crescimento global' (G-20 2008, §1). Como atingir esse objetivo de amplo consenso seria o grande desafio. (Ramos, Vadell, Saggioro & Fernandes, 2012, p.04)"

Mais adiante será detalhado um pouco mais, e de forma mais densa, o contexto histórico que pode ter desencadeado o abandono da lógica multilateralista em favor da lógica bilateralista.

Por ora, apenas será destacado o surgimento de um novo cenário econômico e político, conforme apontam Gama & Camargo (2018) destacando o cenário central dos debates das economias que antes orbitavam às margens do cenário econômico de governança mundial. Tais países, que rodavam seus modelos próprios de desenvolvimento há décadas finalmente alcançavam espaço de destaque.

O CASO BREXIT

O Fundo Monetário Internacional (FMI) reduziu sua previsão para o crescimento da economia mundial em 2020 (FMI, 2020). Com os índices da macroeconomia das ilhas britânicas em queda, o governo visa celebrar acordos bilaterais de comércio e investimentos.

Por outro lado, após moratória da Grécia em 2015, a União Europeia vem enfrentando uma grande crise (Gama, 2020) e divergências sobre a migração dos sírios que marcaram os anos 2010. A busca simultânea por autonomia e cooperação é um dos paradoxos do processo de globalização, marcado principalmente pelo abandono da Grécia, que foi um dos principais responsáveis pelo equilíbrio da Europa após as guerras do século XIX e XX.

A rebelião que começou no Partido Conservador pôs fim a meio século de história. A postura não amistosa de Donald Tusk, Presidente da Comissão Europeia, facilitou a ala radical do Brexit. O Partido Conservador, vencedor das eleições gerais no Reino Unido desde 2009, assumiu-se como um partido nacionalista, com o compromisso do "get Brexit done".

> *"From her first statement as Prime Minister, Theresa May made it clear that Brexit marked a break in our politics. Standing outside her new front door on 13 July, she declared her intention to make Britain 'a country that works for everyone', driven by the interests of those 'just about managing' rather than those of the 'privileged few'. Launching her Plan for Britain in March 2017, she was more explicit still, remarking that the 'EU referendum result was an instruction to change the way our country works, and the people for whom it works forever. (Evans & Menon, 2017, p.12)"*

O Brexit não apenas alterou a forma como o Reino Unido passaria a lidar com a política econômica a partir de então, mas marcou a transição de lógicas do mundo multilateral para bilateral para sempre. O fenômeno foi um dos primeiros alertas para transformação das relações internacionais entre países.

A conclusão do Brexit representa um microcosmo de tendências globais. O governo conservador, sem compromisso com as normas comunitárias, promete importante crescimento econômico com base em acordos comerciais e normas ambientais flexíveis, restringindo, de forma seletiva, o trânsito de pessoas sem cidadania britânica, restrição e acordos comerciais, bem como restrição seletiva de trânsito de pessoas que não possuam cidadania britânica.

Passados trinta anos da queda do Muro de Berlim, o mundo parcialmente globalizado (Keohane, 2002) se vê inteiramente fechado.

O impacto do Brexit ressoou em todo o mundo. Por exemplo, nos Estados Unidos, a época marcada pelo populismo de Trump estabelece negociações a la carte, nacionalismo e líderes populistas com promessa de crescimento e exclusão de eventuais ameaças.

A OMC segue paralisada pelo suposto desinteresse dos EUA em indicar novos integrantes do seu órgão de solução de controvérsias, uma estratégia de Trump para enfraquecer a Organização, sistema de comércio multilateral, e apostar em negociações bilaterais ou entre blocos — nas quais a potência americana tem maior poder de barganha.

DA GLOBALIZAÇÃO AOS ACORDOS BILATERAIS

Como visto até aqui, a negociação do Uruguai, a criação da OMC, a celebração do NAFTA e o estabelecimento da APC (Área de Cooperação Econômica da Ásia-Pacífico), mostram a relevância do domínio do multilateralismo no mundo.

> *"Contudo, os EUA desenvolveram também um conjunto de acordos bilaterais de liberalização comercial, que sinalizavam algumas dificuldades em manter a abordagem multilateral como veículo privilegiado para estas negociações. (Fernandes & Simão, 2019, p.27)"*

Ao que parece, essa estratégia americana, de não permanecer apenas sob a lógica multilateral, ganhou força nos últimos anos. Tanto os países em desenvolvimento quanto os países desenvolvidos estão frustrados com a lentidão das rodadas de negociações multilaterais sobre comércio e integração, e isto tem levado a um crescimento sem precedentes de acordos paralelos, segundo o Souza (2008).

Ao longo do tempo a celebração de acordos de investimento bilaterais ganhou força no mundo. Desde o primeiro termo que foi assinado pela Alemanha e pelo Paquistão em 1959, os acordos bilaterais ou BITs, do inglês Bilateral Investiment Treaty têm ganhado vigor. Atualmente são muitos os acordos bilaterais em vigor entre países do mundo inteiro.

Segundo Wei (2010), à medida que a globalização se torna mais aprofundada e a internacionalização de empresas vem sendo mais acelerada, os BITS, passando por algumas inovações, já fazem parte do regime internacional em matéria de investimentos e têm um papel importante na fixação de regras de tratamento do capital estrangeiro. Consideramos acordo bilateral de proteção e promoção de investimentos aquele pacto que visa o estabelecimento de termos e condições para os investidores no Estado receptor.

> "Normalmente, na maioria dos tratados bilaterais de investimento, os conteúdos típicos abrangem a definição de investimento estrangeiro, as condições para a entrada de investimento estrangeiro no país anfitrião (mediante a cláusula de admissão ou o direito de estabelecimento), o tratamento para investidores estrangeiros (quer o tratamento de critério absoluto, através da cláusula do tratamento justo e equitativo, quer o tratamento de critério relativo, através das cláusulas de nação mais favorecida e de tratamento nacional), limites legais da expropriação e da nacionalização, bem como os padrões de indenização, a transferência (remessa) da titularidade dos investimentos estrangeiros (o capital e os lucros) e o mecanismo da solução de controvérsias entre investidores estrangeiros e o Estado anfitrião sobre questões relativas ao investimento" (Sennes, 2003, p. 44).

Será importante compreender que a lógica do bilateralismo encontra respaldo na negociação mais simples e na consolidação de acordos formalmente aprovados e homologados entre os blocos comerciais ou entre os países. Talvez por essa razão, esteja ganhando força nos últimos anos.

> *"As relações bilaterais (...) estiveram orientadas por dois objetivos estratégicos: buscar alternativas às relações "especiais" com os Estados Unidos através da aproximação da Europa Ocidental e do Japão; e ampliar relações com paises diferenciados do Terceiro Mundo, apresentando-se como alternativa às grandes potências. (Sennes, 2003, p.45)"*

Sendo assim, pode se considerar que o processo de assinatura dos tratados bilaterais de investimento nasceu, principalmente, como uma resposta dos investidores dos países desenvolvidos aos movimentos de nacionalização ocorridos nos países em desenvolvimento e aos apelos destes países assegurados pelo instrumento multilateral – a Carta dos Direitos e Deveres Econômicos Sociais dos Estados (Resolução da Organização das Nações Unidas N.º 3281 de 1974). Para buscar um novo regime internacional, países desenvolvidos promoveram fortemente as negociações dos BIT´s.

Em seu relatório anual de 2007, a Comissão das Nações Unidas para Comércio e Desenvolvimento aponta como perigosos os acordos bilaterais firmados pelos países menores com os Estados Unidos ou pelos países desenvolvidos com os países em desenvolvimento. O que remete ao incômodo que esta possibilidade traz ao contexto do multilateralismo.

Segundo o Souza (2008, não paginado), na abordagem do referido relatório, os acordos bilaterais são tentativas dos países desenvolvidos firmarem acordos em áreas de seu interesse, sendo possível que atrapalhem os processos de integração do Mercosul. O documento "chama a atenção para a possibilidade de essa estratégia, no longo prazo, não ser a melhor". Por outro lado, diz,

> *"O trabalho coloca uma gama de questões relacionadas à integração regional, especialmente quanto ao que se chama de novo regionalismo, que não necessariamente se faz entre países que estão em uma mesma região, mas entre países que têm interesses comuns, embora estejam geograficamente distantes. (Souza, 2008, não paginado).*

Em geral, os países desenvolvidos oferecem a vantagem de acesso aos seus mercados, e exigem, como contrapartida, um acordo. Países em desenvolvimento que apostam em acordos bilaterais, usualmente, fazem concessões maiores nos termos. Muito além das concessões que fariam em acordos multilaterais. Isso torna os países mais vulneráveis nesta relação.

UM CAMINHO À LÓGICA DO BILATERALISMO

Silenciosamente, ao longo dos últimos anos, os Estados Unidos, mais particularmente, iniciaram uma estratégia política que considerava o bilateralismo um caminho paralelo à estrutura multilateralista consolidada nos blocos comerciais e nas organizações políticas globais.

Vamos considerar, na perspectiva desse trabalho, que os EUA promoveram um amplo esforço para ampliar seu engajamento na América Latina

> *"Os países sul-americanos, por sua vez, mantinham vínculos muito próximos como Reino Unido, o que se traduzia, em parte, em uma atitude mais cautelosa em relação às tentativas dos EUA em fomentar pactos e acordos que abrangessem todo o continente, especialmente por parte da Argentina. A relativa estabilidade lograda por Argentina, Brasil e Chile é outro aspecto a ser considerado, na medida em*

que "permitiu o desenvolvimento de um subsistema regional logo no início da vida política daqueles Estados. (Teixeira, 2014, p. 123)"

A compreensão dessa busca por hegemonia no continente americano por parte dos Estados Unidos é extremamente relevante porque apresenta o cenário estratégico que pode ter estimulado o país a manter e, mais recentemente, fomentar a prioridade do bilateralismo em relação ao multilateralismo.

"Iniciativas como a construção do Canal do Panamá, o intervencionismo em Cuba, e a manutenção de Porto Rico como um protetorado, ilustram a concentração do ativismo dos EUA na porção central do continente americano, até pelo menos a década de 1930. Todavia, a expansão do poder e presença do país no conjunto do continente tornou-se meta de relevância crescente à medida que a agenda internacional dos EUA se tornava mais complexa e diversificada. (Donadelli & Pereira, 2019, p.175)"

A partir das constatações dos autores que ampararam este estudo até agora, pode-se inferir que ao longo dos últimos anos, os Estados Unidos adotaram uma lógica ambígua – uma publicamente declarada: a do multilateralismo e outra subliminar e estratégica: a do bilateralismo, que antes, no entanto, operava como uma forma paralela subliminar no contexto político e econômico global. O que se pretende neste trabalho é averiguar se esta lógica se confirma, neste momento, como declarada a partir do estudo de caso.

"As respostas formuladas pelos Estados Unidos neste cenário tiveram como esteio uma visão de mundo sob o

pós-Guerra Fria cristalizada sob a rubrica de 'Nova Ordem Mundial'. O termo foi cunhado pelo presidente George H. Bush em 1990, e seu conteúdo remetia à noção de uma "pax liberal", marcada pelo império da lei, cooperação e superação de formas violentas de resolução de conflitos. No caso da segurança regional, a noção difundida foi a "Segurança Cooperativa", que passou a ser terminologia utilizada nas Conferências de Ministros de Defesa das Américas (CMDA)[1].

(Donadelli & Pereira, 2019, p.182)"

Essa constatação, desvenda uma tática americana que, como falado anteriormente, pode ter auxiliado o país a ganhar mais relevância ao longo da história na ONU e na OMC, a partir deste conceito de 'Segurança Cooperativa'[2]. Um pressuposto de dominação que foi consolidado ao longo dos anos.

"A partir, então, de mecanismos mutuamente acordados, os países interessados trabalhariam em conjunto para 'assegurar a estabilidade regional'" (Abdul-Hak, 2013, p.212). Sob o argumento da cooperação internacional para enfrentar as novas ameaças e os fenômenos decorrentes da globalização,

---

1   Iniciadas em 1995, as CMDA são um fórum de debates sobre questões de defesa que reúne os Ministros da Defesa de todos os países do continente americano. Cf. Donadelli & Pereira, 2018.

2   Elaborada por William James Perry, Secretário de Defesa (1994-1997) do governo Clinton, a segurança cooperativa tinha como base a preservação para evitar o surgimento de novas ameaças: a ideia era arquitetar um sistema de promoção de prevenção de conflitos e medidas de confiança gerido centralmente pelos EUA (Pinto, 2015).

o novo conceito foi vinculado às instituições eficazes com selo
multilateral (Rojas, 1999, p.19).

Sem dúvida uma estratégia de dominação silenciosa que alterou o paradigma global e que pode ser a origem do medo e insegurança institucional que paira sobre os países, conforme será abordado no capítulo seguinte, e que serve de estímulo para a ascensão dos acordos bilaterais em detrimento da lógica multilateralista.

Na prática, este paradigma estabelecia um conjunto de ações destinadas ao intercâmbio de informação militar, com o objetivo de construir confiança e transparência (Vitelli, 2018). Neste sentido, a segurança cooperativa resultou em uma tentativa de se constituir um ordenamento regional capaz de prolongar a supremacia estadunidense - não mais pela coerção ou pela ameaça da dissuasão nuclear, mas a partir de sua aceitação pelos países da região (Pinto, 2015, p.46).

Será urgente considerar uma conceituação possível ao bilateralismo no âmbito desta pesquisa. Evidentemente há inúmeros caminhos conceituais que estão sendo traçados por diversos pesquisadores. Aqui, cabe o conceito do bilateralismo respaldado na teoria Realista das Relações Internacionais, muito bem apresentada por Morgenthau (1997, citado por Pontes, 2016, p.10),

"Desta feita, contrariamente ao que sucede no plano endógeno onde o Estado dispõe de um quadro normativo e do monopólio legal da força, no plano internacional o poder e a razão, conduzem os realistas a afirmar que os Estados se movem, na senda internacional numa busca permanente pela concretização dos seus interesses nacionais que, por sua vez, são definidos em termos de poder, independentemente do fim último que cada nação lhe queira atribuir- alteração do status

quo, manutenção ou prestígio, onde não se vislumbra uma
autoridade ou governo mundial que se lhes oponha."

Este será, portanto, o cenário sobre o qual se desenvolverá o plano bilateralista que será considerado. Uma atmosfera de relações entre países que continuam suas relações entre si isoladamente, paralelamente ao ordenamento multilateral ora vigente. É importante conceber que um fenômeno não está estanque ou isolado do outro, ocorrem paralelamente e se contrapõem mais intensamente a partir do fortalecimento de um em relação ao outro. Para o efeito, será seguido a posição de Magalhães (1996, p.70), pela qual percepciona que o bilateralismo traduz o contato internacional entre dois Estados

ESTUDO DE CASO: UM MAPA DO MULTI AO BILATERALISMO

Investiga-se o reforço de uma nova lógica, bilateralista, no âmbito das relações comerciais mundiais. Será tratado de inferir se há, a partir dessa lógica, interferências nas principais organizações mundiais que pautaram o multilateralismo até agora.

Por um lado, todos os estudos da OMC, de suas assembleias e das novas regras de comércio estabelecidas (muitas vezes não cumpridas), demonstram que há um esvaziamento das organizações responsáveis pelo multilateralismo, como é o caso da própria OMC e da ONU.

Pressões internas das elites capitalistas (variável independente) podem se coadunar ao socialismo com características chinesas e o efeito disso seria uma tendência ao bilateralismo dos acordos. Com efeito, uma resposta protecionista poderia ser um retorno a ideias nacionalistas fazendo esvaziar o multilateralismo universal e abrindo espaço para interesses regionais, celebrados em acordos bilaterais (variável dependente), conforme será explicado a seguir.

Os grupos econômicos globais se tornaram independentes do interesse das nações. Passaram a ter uma pauta própria de interesse. Se tornaram entidades supranacionais e foram se afastando de seus países de origem. Estes grupos buscaram locais de desenvolvimento que, em primeiro lugar, evitassem taxações e isentassem impostos nas operações feitas fora do país. E, em segundo lugar, no aspecto comercial, buscaram que as receitas obtidas por eles pudessem ser reinvestidas em favor das empresas e não em favor de seus países originais.

Em função disso, essas empresas passaram a visar e contratar mão de obra fora de seus países de origem para obter produtos mais baratos e lucro. Nos EUA, por exemplo, essa prática gerou também apenas um público consumidor aos seus produtos. Com isso, foi se criando uma oposição ao interesse nacional dos trabalhadores do país de uma maneira independente. Logicamente o interesse das empresas era o lucro para si mesmas. Daí se dá o processo de transferências de emprego. Estes grupos passaram então a ter interesses conflitantes com os EUA.

Não por outra razão, o atual governo americano criou condições para atrair empresas de fora do país para o ambiente interno americano e fomentar a geração de empregos nos EUA. Esse fenômeno pode ter provocado um esvaziamento do multilateralismo, uma vez que os grupos foram contra ao ideário americano. O país teve que, portanto, retomar as rédeas de controle em busca de defender seus interesses.

Feitas estas considerações, é preciso observar que, desde o seu lançamento, em 2001, a agenda da OMC está estagnada. A contínua expansão da União Europeia, o NAFTA e o TPP - liderados pelos EUA -, bem como os acordos bilaterais entre os EUA e a União Europeia e seus parceiros exemplificaram bem esse fenômeno.

Assim, o que se percebe é que nas últimas duas décadas os acordos comerciais bilaterais e regionais foram considerados uma força primária para avançar o sistema comercial mundial, fazendo esvaziar as reuniões da OMC e gerando sérios desafios com o aumento do sentimento antiglobalização multilateralista.

Em junho de 2016, o Reino Unido decidiu sair da UE como resultado de um referendo. Em 23 de janeiro de 2017, logo no início de sua presidência, Donald Trump assinou como sua primeira ordem executiva a retirada dos EUA da TPP, acordo firmado com mais 11 parceiros que seu antecessor levou anos para concluir.

Essas duas ações dramáticas chocaram o mundo. Ao lado da OMC, o regionalismo é visto como a segunda melhor escolha na promoção da globalização, mas essas iniciativas regionais lideradas por países desenvolvidos estão enfrentando uma reação séria. O mundo está preocupado que isso signifique o fim ou uma reversão do processo de Globalização Multilateralista.

Um ponto histórico importante que está sendo considerado foi a ação do Parlamento Europeu e o Conselho, sob proposta da Comissão, que emitiram o Regulamento n.º 1219/2012 em 12 de dezembro de 2012, estabelecendo disposições transitórias para acordos bilaterais de investimento entre Estados-Membros e países terceiros.

Simultaneamente, no seu ponto 8 é referido que "o presente regulamento deverá também fixar as condições ao abrigo das quais os Estados-Membros estão habilitados a celebrar e/ou manter em vigor os acordos bilaterais de investimento assinados entre 1 de dezembro de 2009 e 9 de janeiro de 2013". Para o efeito, "os Estados devem remover as incompatibilidades existentes entre os acordos bilaterais de investimento e a legislação da União", segundo o ponto 12 do Regulamento.

O entendimento deste pressuposto na EU, assegura uma tentativa de normatizar e regulamentar a procedências de acordos bilaterais em termos até então não observados historicamente. Uma liberação dos estados membros para pactuação de acordos bilaterais que interessa como pressuposto legal nesta questão.

Será considerado a seguir trecho do regulamento como parte fundamental que justifique a celebração legal de acordos bilaterais entre países durante a regência do pressuposto multilateralista que rege as relações internacionais até o momento. O trecho do Regulamento destaca: "desta feita, caso os Estados-Membros da UE pretendam autorização para celebrar acordos bilaterais de investimento, deve verificar-se o disposto nos artigos 8.º a 11.º do Regulamento supracitado, nomeadamente, as disposições presentes nos seguintes artigos":

"Art. 9: A Comissão autoriza os Estados-Membros a iniciar negociações oficiais com um país terceiro, a fim de alterar ou celebrar um acordo bilateral de investimento, excepto nos casos em que considere que a abertura de tais negociações poderá: a) Colidir com a legislação da União, noutros aspectos que não as incompatibilidades decorrentes da repartição de competências entre a União e os seus Estados-Membros; b) Ser supérflua, visto a Comissão ter apresentado ou decidido apresentar, nos termos do artigo 218.º n.º 3, do TFUE, uma recomendação de abertura de negociações com o país terceiro em causa; c) Ser incompatível com os princípios e objectivos da União para a acção externa estabelecidos de acordo com as disposições gerais consignadas no Título V, Capítulo 1, do Tratado da União Europeia; d) Constituir um sério obstáculo para a negociação ou a celebração pela União de acordos bilaterais de investimento com países terceiros. (Regulamento (UE) N.o 1219/2012, p.42)"

Outro ponto importante desta regulamentação é o:

n.º 2: "no âmbito da autorização referida no n.º 1, a Comissão pode exigir ao Estado-Membro que inclua ou exclua dessas negociações e do acordo bilateral de investimento previsto todas as cláusulas, se necessário, a fim de assegurar a coerência com a política de investimento da União ou a compatibilidade com a legislação da União; art 9.º n.º 5: "no caso de a Comissão decidir não conceder a autorização prevista no n.º 1, informa desse facto o Estado-Membro em causa, apresentando as razões da recusa"; art. 11.º n.º 1: "antes de assinar um acordo bilateral de investimento, o Estado-Membro em causa notifica a Comissão do resultado

das negociações e transmite-lhe o texto de tal acordo"; art. 11.º
n.º4: "se a Comissão considerar que as negociações resultaram
num acordo bilateral de investimento que cumpre as exigências
referidas no artigo 9.º n.os 1 e 2, autoriza o EstadoMembro a
assinar e a celebrar tal acordo"; art. 11.º n.º 6: "se a Comissão
decidir conceder uma autorização nos termos do n.º 4, o
Estado-Membro em causa notifica à Comissão a celebração
e a entrada em vigor do acordo bilateral de investimento, e as
alterações posteriores ao estatuto desse acordo"; art. 11.º n.º 8:
"no caso de a Comissão decidir não conceder a autorização
nos termos do n.º 4, informa desse facto o Estado-Membro em
causa, apresentando as razões da recusa" (Regulamento (UE)
N.o 1219/2012, p.43).

Assim, a partir da investigação proposta na hipótese, o objetivo é identificar os pontos de sustentação da velha economia mundial – e como ela se reforça – e os pontos de força da nova formatação. Entende-se até aqui que há indícios para considerar que há um novo estímulo, mais pulsante, à lógica bilateralista de acordos comerciais mundiais em detrimento da lógica vigente multilateralista.

Tem-se subsídios suficientes para considerar que os acordos bilaterais comerciais entre países estão sendo celebrados, e, em muitos casos, não obstantes à arregimentação legal dos blocos e orientações normativas de Organizações multilateralistas.

Trata-se, nesta pesquisa, como objeto de estudo, apenas os acordos bilaterais celebrados na gestão do presidente Barack Obama e do presidente Donald Trump, nos Estados Unidos. Mas, a partir do percurso teórico e levantamento de dados que foi realizado, infere-se que a prática de acordos bilaterais está instaurada mundialmente com maior ocorrência nos EUA.

Este cenário merece a seguinte reflexão: se com a Inglaterra que é um país que já vivia na livre iniciativa, os acordos são mais fáceis porque não há restrições tarifárias significativas, em países como o Brasil, que tem uma indústria altamente protegida, haverá uma enorme resistência para o livre comércio entre dois países através de acordos bilaterais onde os números são evidentes. Portanto, a aceitação desta mudança vai variar de país para país e de acordo com a produtividade de cada um.

Em se tratando dos EUA, ainda há uma incerteza no cenário político futuro em razão da disputa eleitoral que poderá mudar o rumo das relações comerciais, que ora seguem caminhando em direção aos acordos bilaterais, mas que dependendo da decisão nas urnas, poderá gerar um movimento de retorno às raízes da globalização no tocante aos acordos multilaterais.

CONDIÇÕES DE FUNDO DA ANÁLISE

UMA NOVA GLOBALIZAÇÃO? FIM DA GEO POLÍTICA?

O que está sendo averiguando é a possibilidade de alteração da ordem atual de globalização multilateralista. Um pressuposto que já foi comprovado ser real a partir do percurso teórico até agora empreendido. Mais adiante, quando o caso for estudado, será visto que esta hipótese já é real e que pode estar em curso um novo ordenamento jurídico, legal e diplomático para esta nova era mais bilateralista que multilateralista no mercado mundial.

> *"A heterogeneidade desses grupos representa obstáculo às tentativas de caracterizá-los sob uma chave conceitual única. Em comum, porém, é possível destacar o seguinte conjunto de características: maior permeabilidade a um discurso crítico do unilateralismo e das recomendações do establishement econômico-financeiro; reverberação de discursos de afirmação autonomista e defesa da integração regional, em diferentes matizes. (Donadelli & Pereira, 2019, p.185)"*

Há, conforme visto, uma certa regularidade implícita na celebração dos acordos bilaterais entre os países. Ou seja, a lógica é a mesma (bilateralista), mas o modus operandis obedece às políticas e ideologias de cada país.

Atualmente os EUA se mexem rapidamente no sentido de voltar a ser um polo irradiador dos ditames da política econômica mundial. O presidente Trump transformou o país numa grande offshore permitindo que os lucros obtidos pelas empresas americanas situadas no exterior entrassem nos EUA, dependendo dos acordos, sem alíquota, na rubrica de não tarifados. Isso mudou totalmente a política americana, trazendo de volta ao país o interesse de grandes conglomerados americanos fixados no exterior.

Portanto, a grande ambição da globalização multilateralista de fazer um mundo livre de fronteiras foi diminuindo pouco a pouco dando espaço aos acordos bilaterais que vêm definindo a nova formatação do comércio mundial.

Assim, novas perspectivas econômicas e jurídicas, surgem a partir da desaceleração do multilateralismo e desenvolvimento de acordos pautados tão somente em interesses bilaterais.

Nas últimas duas décadas do século XX todos os estados, povos e indivíduos do planeta tornaram-se progressivamente parte de um mundo global. Porém, com o passar dos anos, desde a criação da Organização Mundial do Comércio - OMC, diante de toda a mudança do cenário mundial, a dinâmica do processo de globalização vem passando por mudanças significativas, que não vêm sendo traduzidas em novas regras com a mesma velocidade com que surgem.

Esse processo de transformação vem colocando a OMC mais à margem e fragmentando as estruturas de governo, visto que motiva os Estados a solucionar problemas de regulação oriundos dos acordos regionais ou bilaterais de livre comércio.

A partir de um dado momento passou a ficar cada vez mais claro que havia um esgotamento dos processos de globalização porque as normas criadas para geri-lo não protegiam as partes de maneira equânime.

Tanto os países em desenvolvimento quanto dos países desenvolvidos estão frustrados com a lentidão das rodadas de negociações multilaterais sobre comércio e integração, e isto tem levado a um crescimento sem precedentes de acordos paralelos, segundo Souza (2008).

O processo de assinatura dos tratados bilaterais de investimento nasceu principalmente como uma resposta dos investidores dos países desenvolvidos aos movimentos de nacionalização ocorridos nos países em desenvolvimento e aos apelos destes países assegurados pelo instrumento multilateral – a Carta dos Direitos e Deveres Econômicos Sociais dos Estados (Resolução da Organização das Nações Unidas N. º 3281 de 1974).

Nesse novo cenário faz-se necessária a análise do fenômeno de transição do multilateralismo das relações comerciais para novas formas de condução das políticas econômica e internacional nos aspectos econômicos mundiais. É possível que a nova globalização esteja sendo estruturada pela forma como hoje os acordos bilaterais vêm sendo realizados.

É notória diminuição das reuniões multilaterais na OMC, o que leva a afirmar que há uma transformação do processo de globalização em contrapartida a um significativo aumento dos acordos bilaterais. Portanto, o processo de globalização, para se manter vivo, deverá se adaptar a uma nova forma de negociação que privilegiará o bilateralismo.

Nesse contexto, a tendência dos Estados Unidos como um provável fomentador da nova ordem mundial econômica baseada em acordos bilaterais traz à luz os mais recentes acordos firmados por aquele país nesse formato bipolar e elucida a diminuição do poder das organizações internacionais comerciais, militares e de saúde.

O movimento de diminuição das reuniões na OMC, tendo em vista o aumento da celebração de acordos bilaterais entre os países, mostra uma tendência ao estabelecimento de uma nova ordem econômica mundial que vem transformar significativamente o processo de globalização, inicialmente embasado em tratados multilaterais que podem não mais atender aos os interesses de todos os países. A influência dessa mudança no cenário político e comercial mundial terminará por definir o futuro econômico mundial e novas relações de comércio.

O fenômeno de aumento dos acordos bilaterais, que gera o esvaziamento das reuniões da OMC, indica uma mudança ontológica no processo de globalização. Percebe-se que desde o seu lançamento em 2001, a agenda da OMC está de fato estagnada. A contínua expansão da União Europeia, o NAFTA e o TPP - liderados pelos EUA -, bem como os acordos bilaterais entre os EUA e a União Europeia e seus parceiros exemplificaram bem esse fenômeno.

Nas últimas duas décadas os acordos comerciais bilaterais e regionais foram considerados uma força primária para avançar o sistema comercial mundial gerando sérios desafios com o aumento do sentimento antiglobalização.

Em junho de 2016, o Reino Unido decidiu sair da UE como resultado de um referendo. Em 23 de janeiro de 2017, logo no início de sua presidência, Donald Trump assinou como sua primeira ordem executiva a retirada dos EUA da TPP, acordo firmado com mais 11 parceiros que seu antecessor levou anos para concluir.

Essas duas ações dramáticas chocaram o mundo. Ao lado da OMC, o regionalismo é visto como a segunda melhor escolha na promoção da globalização, mas essas iniciativas regionais lideradas por países desenvolvidos estão enfrentando uma reação séria. O mundo está preocupado que isso signifique o fim ou uma reversão do processo de globalização,

"Em se tratando das relações bilaterais no pós-Guerra Fria, é possível identificar gradientes de aquiescência das políticas de segurança dos EUA com os países da região, com a Colômbia e a Venezuela ocupando os extremos contrastivos de tal lógica (...) O que se pode depreender deste período é a existência de um padrão de atuação que, embora não tenha prescindido inteiramente do multilateralismo, esteve calcado

sobretudo em canais bilaterais de atuação. (Donadelli &
Pereira, 2019, p.189)"

Colocado este cenário, também é importante salientar os aspectos menos onerosos que podem estar estimulando os países, sobretudo os EUA, a celebrarem mais acordos bilaterais e a esvaziar o multilateralismo transversalmente: o aspecto de economia financeira.

"Esta situação pode ser atribuída à combinação da agenda de segurança dos EUA no período com a conjuntura política regional. Em um cenário de maior atenção ao teatro estratégico do Oriente Médio no qual as lideranças dos principais países latino-americanos mostravam-se pouco dispostas a adesões acríticas aos desígnios estadunidenses, a via bilateral afigura-se como um caminho eficaz e de menor custo político do que o dispendioso processo de costura de consensos no nível continental. (Donadelli & Pereira, 2019, p.190)"

A seguir, será apresentado um outro relevante momento histórico que precisa ser considerado nesta análise: a guerra comercial entre a China e os EUA.

GUERRA COMERCIAL CHINA X EUA: PARÂMETROS DE UMA MUDANÇA GLOBAL

Em 2018 o mundo viu a hegemonia do sistema multilateral de negociação desafiado por decisões unilaterais dos Estados Unidos com relação à taxação de produtos vindos da China. A justificativa do país americano foi o aumento do déficit comercial do país nos últimos anos.

Em 2017, os Estados Unidos identificaram déficit de US$ 861 bilhões na balança comercial de bens, face a US$ 797 bilhões, em 2016. Em 2017, houve um aumento do déficit bilateral com a China em 7%, chegando a US$ 363 bilhões, o equivalente a 42% do déficit total (COMTRADE, 2018).

A agenda pública de comércio recíproco de Donald Trump, presidente dos Estados Unidos, entrou em vigor nos seus primeiros meses de seu governo. O relatórios das Seções 232 (sobre a investigação do efeito das importações de alumínio e aço na segurança nacional) e 301 (identificando as barreiras comerciais a produtos e empresas estadunidenses) foram as bases das suas decisões unilaterais. Em razão das leis de propriedade intelectual e de uma lista de países para serem investigados prioritariamente, em 2018 a China foi escolhida como um país prioritário.

No relatório final da investigação realizada pelo Gabinete do Representante Comercial dos EUA[1], no âmbito da Seção 232 da Lei de Expansão do Comércio de 1962, e entregue em 11 de janeiro de 2018 ao presidente Trump, constatou-se que "as quantidades e as circunstâncias das importações de aço e alumínio ameaçam prejudicar a segurança nacional" como definidas na Seção 232.

A agência sugeriu a imposição tarifária de 24% em todos os produtos siderúrgicos de todos os países e de 7,7% em todos os produtos de alumínio de todos os países (USTR, 2018). Em outra investigação concluída, o Gabinete divulgou em abril de 2018 restrições comerciais praticadas pela China.

Donald Trump atribuiu o grande déficit dos Estados Unidos às práticas comerciais desleais do regime comunista, tais como, guerra cambial através da desvalorização da moeda em longo prazo, violação dos direitos de patente e propriedade intelectual, redução de salários, dumping, incentivos fiscais para as empresas exportadoras, juros subsidiados para investimento na indústria e medidas protecionistas.

---

1   USTR, na sigla em inglês.

Em 8 de março de 2018, o presidente Donald Trump, seguindo as recomendações do Gabinete do Representante Comercial sobre a Seção 232, assinou um regulamento que fixa um adicional de 10% sobre o alumínio a todos os países e 25% ao valor de imposto sobre as importações de aço. Em abril de 2018, Trump também anunciou, a partir da Seção 301, uma lista de produtos oriundos da China que seriam sobretaxados, , no equivalente a US$ 50 bilhões, na importação.

Em seguida, também em março de 2018, a China notificou a Organização Mundial de Comércio (OMC) sobre as medidas de retaliação direcionadas aos EUA, determinando tarifas de importação a diversos produtos importados daquele país, entre eles a soja, cuja tarifa imposta foi de 25%[2].

Um apontamento histórico é necessário neste contexto. Depois de 2008, a China alcançou o topo das economias industriais. O presidente Barack Obama foi eleito nos EUA com a promessa de trazer a economia americana de volta aos trilhos, mas não foi capaz de alcançar plenamente seus objetivos. Mais tarde, os Estados Unidos, desafiados, elegeram um magnata do setor imobiliário que derivou para longe das normas internacionais, em direção ao protecionismo.

Na guerra comercial iniciada, a China mirava no setor agrícola e os EUA o setor industrial chinês. Essa reversão de papéis sem precedentes colocam o hemisfério sul no leme de uma mudança na ordem mundial (Gama & Camargo, 2018).

A China, com uma economia sintonizada pelo governo, gradualmente se tornou uma espinha dorsal que amalgamava cadeias produtivas regionais, num tipo de integração, muito menos dependente de regras normativas do que na Europa.

Um exemplo de tal pragmatismo é o conceito chinês de "duojihua", traduzido por Li (2002), um termo cunhado por Li (2002) como "multipolarização" ou

---

2   Em junho de 2018, a União Europeia (UE) seguiu o mesmo caminho e informou à OMC suas medidas de retaliação.

"diplomacia assimétrica". Com uma ênfase estratégica em ajustes regionais, em contraste com os conceitos ocidentais, duojihua postula que não há hegemonia ou predominância de um a única nação no mundo: todos os países têm papeis no sistema.

Duojihua também invoca uma postura de tolerância e compreensão entre diferentes culturas e políticas. China, e outros BRICS, também substituem as forças do mercado pelo Estado como condutor das transições na globalização "liberalização sob as regras do Estado" (Jain, 2006).

Ao investir em negociações bilaterais com recalcitrantes aliados estourando "novos" mercados para produtos dos EUA, Trump basicamente reproduz a estratégia chinesa. Se a uma primeira vista, parece equilibrar o jogo, em um segundo momento, poderá resultar em implicações sombrias com outros parceiros de negócios, em mundo de escassez competitiva.

Segundo Araújo (2019), os EUA, dada a estratégia de negociação internacional que o Governo Trump vem adotando, firmaram novos termos com o Canadá e México no âmbito do North American Free Trade Agreement (NAFTA). Além das questões comerciais tradicionais, destacam-se nesta mudança do acordo do NAFTA, o reforço e a atualização de temas importantes como, por exemplo, o da Propriedade Intelectual que possui um capítulo especial voltado para o Digital Trade.

É importante ressaltar que, tanto os Estados Unidos quanto os países europeus (União Europeia e EFTA), apresentam maior destaque em termos de números de acordos de preferências de comércio. Em países em desenvolvimento, comparados aos países desenvolvidos, os avanços são relativamente menores, com algumas exceções, como a China. O aumento da importância da economia digital afetará os padrões de comércio e a forma de estabelecimento de acordos comerciais.

Podem ser destacadas quatro prioridades máximas da nova política comercial dos Estados Unidos, num claro distanciamento em relação às regras comerciais multilaterais, segundo o ENAP (2014):

- defender a soberania nacional sobre a política comercial;

- executar de forma estrita as leis comerciais dos EUA;

- atuar para que outros países abram seus mercados para as exportações de bens e serviços, de modo a garantir a proteção dos direitos de propriedade intelectual de empresas dos EUA;

- negociar "novos e melhores" acordos comerciais com país e sem "mercados-chave" em todo o mundo.

Como ato concreto e definitivo do novo governo com amplo alcance em termos de política comercial cita-se, como exemplo, a retirada dos Estados Unidos da Parceria Transpacífica (TPP), o abandono das negociações da Parceria Transatlântica (TTIP) com a União Europeia (UE) e o anúncio dos termos para a renegociação do Acordo de livre Comércio da América do Norte (NAFTA), já mencionado.

O Acordo de Paris (2015) – marco na cooperação global para combater a mudança climática– enfrenta baixas consideráveis, como o dos EUA de Trump, além da resistência de países emergentes como Austrália, Brasil e Índia. O Pacto Global para Migração (2018) enfrenta a resistência de nacionalismos e populismos, num mundo em que muros voltaram a proliferar (Niblett & Bhardwaj, 2019).

Assim, considerando a necessidade de maior integração com as políticas de comércio internacional, rever a forma de elaboração das políticas públicas direcionadas para o setor produtivo se torna primordial no cenário de transformações produtivas que vêm ocorrendo no mundo.

Em busca da redução do déficit com a China, os EUA impuseram a taxação do aço e do alumínio Chinês. A regra autoriza impostos a 1.300 produtos originários da China. Essa medida americana viola, claramente, as regras da OMC. Afetam as exportações de outro país membro da Organização.

A resposta chinesa chegou rápido. O governo da potência oriental também anunciou a imposição de tarifas sobre mais de 100 produtos americanos.

Nesse sentido, o protecionismo comercial dos Estados Unidos e as ações retaliatórias da China podem afetar a exportação de produtos correlatos na pauta de exportação brasileira. Em 2017, as importações chinesas de soja representaram 60% do total das vendas de soja no mercado mundial, sendo o Brasil um dos maiores fornecedores desse produto para o mercado asiático.

De acordo com as novas tarifas, o Ministério do Comércio da China prevê que parte do mercado abastecido pelos Estados Unidos será mais ocupada por produtos brasileiros porque a China pretende impor uma tarifa de importação de 25% à soja dos EUA, produto no qual o Brasil vem revezando liderança nas exportações mundiais nos últimos anos.

Outro produto que ao sofrer incidência de tarifa pode alterar a alocação intersetorial é o aço, pois 9% das exportações US$/FOB de 2017 foram de ferro e concentrados, que inclui o aço (MDIC, 2018). Por meio de um modelo de equilíbrio geral computável, esse trabalho busca identificar os efeitos de uma possível guerra entre os seus maiores parceiros comerciais nos principais setores da economia no Brasil.

Uma síntese das principais medidas tarifárias adotadas pela China e pelos Estados Unidos, objeto desse estudo, é apresentada no Quadro 1. Os EUA determinam as tarifas do aço e do alumínio a serem aplicadas aos parceiros comerciais. A disputa comercial entre esses dois países afeta 1.363 produtos, o que equivale a US$ 34 milhões para cada um deles.

Quadro 1 - Principais medidas tarifárias da China e Estados Unidos

Produtos	País que adota medida tarifária	Tarifa de importação ad valorem	Países atingidos
Aço	EUA	25%	Diversos
Alumínio	EUA	10%	Diversos
Lista estadunidense com 818 produtos chineses	EUA	25%	China
Lista chinesa com 545 produtos estadunidenses	China	25%	EUA

Fonte: Carvalho, Azevedo & Massuquete, 2019, p.04.

De acordo com as medidas tomadas pelos Estados Unidos na primeira fase da guerra comercial, pode-se determinar que as tarifas sobre o aço e o alumínio serão impostas em escala global a fim de garantir a segurança nacional e impor tarifas aos Estados Unidos. O aço e o alumínio prestam serviços aos seguintes parceiros econômicos: Brasil (decidiu estabelecer a maior cota de exportação), Argentina, México e Canadá, estes dois últimos países constituídos a partir da renegociação do Acordo de Livre Comércio da América do Norte.

Para combater o excesso de capacidade de produção chinesa, reduzir o déficit com este país na balança comercial e como forma de compensar as questões relacionadas à propriedade intelectual e tecnologia estadunidenses, os EUA divulgaram uma lista com 818 produtos chineses sobre os quais incidiriam 25% de tarifa de importação adicionais (USTR, 2018).

Em 06/07/2018, a cobrança sobre essas importações entrou em vigor e um total de US$ 34 bilhões foi atribuído às importações da China. Produtos incluídos na lista: automóveis, instrumentos médicos e de precisão, discos rígidos, transmissores de rádio, reatores nucleares, caldeiras, pneus e peças de aviões.

Em resposta, a China retaliou os EUA com uma lista de 545 produtos estadunidenses no total de US$ 34 bilhões em importações (MOFCOM, 2018). A lista inclui veículos, produtos agrícolas e alimentos.

Esse cenário nos remete a um conflito que está longe de se encerrar e que pode estimular, cada vez mais, a abertura de acordos comerciais bilaterais no contexto mundial. Uma disputa econômica, mas acima de tudo, política que já está, como evidenciamos, abrindo um novo horizonte comercial muito além do multilateralismo mundialmente.

UMA NOVA DIPLOMACIA

Compreendido este novo contexto citado acima, e que está em pleno movimento, procura-se focar de forma sintetizada, neste tópico, no modo como a instituição diplomática procurou, ao longo da história, exercer sua função enquanto mecanismo de contato pacífico do Estado. Busca-se averiguar, neste percurso, se o contexto que ora foi estudado impactou e seguirá impactando na estrutura da Diplomacia mundial e em sua atuação,

> *"Assim, atendendo a esta situação, importa-nos referenciar que sustentamos que a atividade diplomática, mais concretamente a própria Negociação Diplomática, pode atuar de acordo com as duas dimensões tratadas nesta investigação: a Bilateral – Estado a Estado – a Multilateral – que se verifica no seio das OI, em grande medida, a título de exemplo, no que respeita a acordos regulatórios, como os que podemos verificar através das rodadas do GATT/OMC. (Pontes, 2016, p. 230)"*

Não obstante o supramencionado, por forma a melhor compreender a forma como a atuação da instituição diplomática, paulatinamente, tem vindo a afirmar uma componente cada vez mais econômica dos seus contatos internacionais, em particular os bilaterais, importa, em primeiro lugar, ir ao encontro do que doutrinariamente se tem entendido por diplomacia, seguindo a posição de Magalhães (1996).

Segundo este autor, a diplomacia, no seu estado mais puro, dever ser distinguida de todos os elementos que nada têm que ver com a atividade diplomática, sendo entendida como "um instrumento da política externa, para o estabelecimento e desenvolvimento dos contatos pacíficos entre os governos de diferentes Estados, pelo emprego de intermediários, mutuamente reconhecidos pelas respectivas partes", que pode traduzir-se em contatos bilaterais ou multilaterais (Magalhães, 1996, p.90).

Esse entendimento, assegura que a diplomacia, em um de seus esboços conceituais possíveis, pode e deverá atuar muito mais ligada à lógica bilateralista do que a já consolidada multilateralista. Um novo pressuposto de atuação que deverá ser estudado e compreendido pelos corpos diplomáticos de todo o mundo, que deve movimentar o debate dos temas geo econômicos, políticos e climáticos globais para uma esfera mais regionalizada e pautada nos interesses comuns entre países.

> "À medida que o número de estados se multiplica e sua capacidade de interagir aumenta, baseada em que princípios pode uma nova ordem mundial surgir? Com a complexidade do novo sistema, poderão conceitos como 'democracia em expansão', servir de orientação para a política externa americana e como substituto da política de contenção da Guerra Fria? (Kissinger, 2012, p.182)"

O conceito de nova ordem mundial defendido e aplicado pelo Estados Unidos pós-Guerra Fria pode estar sendo suplantado por uma nova estratégia, mais silenciosa, pautada no bilateralismo como forma de expansão comercial e visão econômica mais progressista e acirrada entre os países. Neste contexto, haverá total impacto na estrutura da Diplomacia Global que deverá estar pronta para este novo fenômeno.

Assim sendo, pode-se identificar, de acordo com a visão de Farto (2006) três eixos extremamente relevantes sobre o modelo de diplomacia que estamos tratando no âmbito desta pesquisa: a diplomacia econômica.

O autor traduz três eixos para a Diplomacia Econômica e a considera: "a ação segurança onde os objetivos políticos são dominantes, a ação reguladora onde as duas ordens de objetivos se conjugam e a ação competitiva, de clara dominância econômica" (Farto, 2006, p.67).

> "No primeiro caso, o supramencionado autor reporta-se à actuação diplomática no âmbito da integração regional – desde logo porque as disposições como Mercado Interno, Agricultura e pescas, Energias e Coesão econômica, social e territorial, que

compreendem domínios econômicos, representam matérias de competência partilhada de acordo com o art. 4.º n.º 2 do TFUE -, na medida em que esta possa servir para concertar ou fazer valer a posição de um Estado Membro. Simultaneamente, o primeiro eixo aponta-nos os casos "em que a intervenção da diplomacia econômica procura contribuir para uma solução, apoiando ou sancionando economicamente uma ou mais partes em conflito. (Farto, 2006, p. 12)"

Contudo, neste contexto, não só a diplomacia perde o cunho de instrumento pacífico da PE, passando à categoria de violento, segundo Magalhães (1996, p.25), como se revela muitas vezes diminuída, uma vez que, o poder de interromper ou reduzir total ou parcialmente as relações econômicas e financeiras com países terceiros pertence à União (art. 215.º n.º 1 do TFUE). Em ambos os casos, os objetivos a perseguir pela diplomacia são eminentemente políticos.

"O segundo eixo reporta-nos para uma ação reguladora que se exerce no âmbito multilateral, em grande medida pela participação em instâncias internacionais como a OMC, verificando um duplo carácter político e econômico, sendo através destas ações, [que] a diplomacia econômica organiza a transferência de poderes internacionais e regionais, uma vez que os Estados nacionais perderam a exclusividade do controle sobre os seus processos econômicos e sociais. (Farto, 2006, p.12)"

Não obstante o fato dos Estados nacionais, conforme nos deixa perceber Farto (2006, p.12), possuírem "ainda margens elevadas de responsabilidade, que vai desde a utilização dos meios orçamentais até à preservação da coesão social" o grau de afetação da diplomacia econômica em contexto multilateral de ação reguladora pode vir a tornar-se cada vez mais diminuto. Tal ajuda a verificar a possível perda de relevância dos Estados-Membros da UE em matéria de regulação do comércio internacional.

Por fim, no que concerne ao eixo ação competitiva,

> *"Refere-se sobretudo à criação de um Estado competitivo e ao apoio às empresas nacionais operando na esfera internacional. Por via do escopo da sua atuação privilegia-se, assim, uma estratégia coordenada e integrada entre os objetivos do Estado e a ação dos privados, tendo em vista a concessão de condições internas favoráveis a dinamização da economia, em conjugação com a ação no domínio bilateral do aparelho diplomático do Estado. (Farto, 2006, p.13)"*

Dito isto, conforme verificado, ainda que persista a atuação da instituição diplomática em contexto de integração mundial e de regulação econômica no âmbito da OMC, a diplomacia econômica de carácter multilateral tem vindo a perder terreno com os movimentos dos países da Europa, mas sobretudo a partir da pressão que os Estados Unidos exercem neste contexto.

Assim, o grande eixo de ação dos Estados nacionais no contexto da Diplomacia Econômica, no seu sentido mais amplo, bem como a utilização do corpo diplomático, em particular, para fins econômicos, deverá sair da multilateralidade e continua a ser mais apropriadamente adaptado à lógica da bilateralidade comercial.

MICROCAUSAS POSSÍVEIS

Neste momento do trabalho é muito importante avaliar, além das condições de fundo apresentadas anteriormente, possíveis microcausas que tenham motivado a ocorrência da transição comercial americana (cenário do objeto de estudo desse projeto) da lógica multilateral para a dimensão bilateral.

1)   O SENTIMENTO NACIONALISTA GANHA FORÇA NO TECIDO SOCIAL

Em 1980, ao observar pontualmente a classe média americana, esta tinha um padrão de vida no contexto social muito próximo ao do Brasil no tocante à qualidade de vida e à configuração do trabalho no seio do núcleo familiar. Usualmente, neste período, apenas uma pessoa trabalhava para sustentar a casa. Com o tempo, passou a trabalhar o casal para manter o mesmo padrão de vida.

Atualmente, pelo menos um membro do núcleo familiar trabalha em mais de um emprego para conseguir sustentar a casa. Isso é um indício forte que pode comprovar a eventual queda do poder aquisitivo da classe média americana ao longo do tempo.

Essa nova classe média americana, vem sendo, atualmente, pressionada pelas grandes corporações e pela transferência de parte dos empregos para fora do país. Isso pode ser uma das microcausas que levaram a uma mudança política e ao surgimento de um sentimento ultranacionalista que, por sua vez, pode ter sido utilizado pelo atual presidente Donald Trump para, além de se eleger, com base neste discurso, também utilizar esse fenômeno para ancorar uma lógica mais bilateral na formatação da relação comercial americana durante seu mandato.

É fundamental considerar que esta microcausa também pode ser observada em outros países do mundo, o que reforça a tese de que pode se tratar de uma das importantes razões para transição deste cenário do multi ao bilateralismo no campo comercial e político.

2) ENTRE HEGEMONIAS E OLIGOPÓLIOS: O MÉTODO CHINÊS QUE ASSUSTA

Conforme visto, o pós-guerra fria, gerou uma crise do modelo vigente de hegemonia. Os países tiveram que redesenhar este fenômeno, principalmente os Estados Unidos, que buscou, desde sempre o protagonismo nesta questão.

Já no século XXI, os Estados Unidos buscaram reorganizar a sua hegemonia sobre os outros países do sistema internacional. Após a crise de 2008, a China deu início a um processo de expansão, visando superar sua posição de coadjuvante do capitalismo face aos EUA.

O país que buscou ser mais autônomo e assertivo, começou a disputar o controle de tecnologia, desenvolver marcas e conquistar mercados para deter a organização e centralizar cadeias globais de valor. Outra lógica adotada pelos chineses foi tentar subir na hierarquia da divisão internacional de trabalho para obter uma parcela maior do valor adicionado.

Verifica-se a construção de uma nova China com a clara intenção de se colocar como potência militar e líder de tecnologia, além de se manter mundialmente como potência fabril e econômica. Esse forte movimento de expansão capitalista põe o país no controle de aticos tecnológicos, tornando-o exportador líquido de capital e ao mesmo tempo, com aquisições e fusões que garantem o fornecimento de energia e alimentos.

Conforme visto, na condição de fundo que foi tratado sobre a guerra comercial entre EUA X China, os EUA, em particular sob a gestão de Donald Trump, estão em busca de estancar essa ascensão chinesa. A meta é definir políticas de fortalecimento das multinacionais e enfraquecer os oligopólios chineses.

Observa-se então, uma luta que visa o domínio da nova revolução tecnológica, envolvendo a concorrência entre oligopólios e a disputa entre países mais desenvolvidos. Sendo assim, observa-se que a rivalidade interestatal (entre países) se mistura com a concorrência oligopolista.

Ao final, a base industrial-tecnológica determina a posição dos governos mundiais na hierarquia do sistema interestatal. Ou seja, ao invés de somente acompanhar, de longe, este cenário de guerra comercial entre as duas maiores potências do mundo, os países ocidentais estão em busca de se defender deste oligopólio chinês que destruiu parcialmente o sistema produtivo ocidental.

Esta, também pode ser considerada uma microcausa para transição do cenário do multi ao bilateralismo comercial. Uma vez que os países, principalmente ocidentais, estão ávidos por obter vantagens que surgem em meio a este conflito.

3) O PODER RETORNA ÀS MÃOS DE PAÍSES: O ENFRAQUECIMENTO DOS GRUPOS ECONÔMICOS MUNDIAIS

Neste ponto, considera-se que se vivencia uma transição global que busca limitar o poder dos grupos econômicos que, gradualmente, dominaram a economia global e retorna o poder decisório às mãos dos países isoladamente. Uma lógica fundamental que pode comprovar a possível ascensão do modelo bilateralista e abandono abrupto ao modelo comercial multilateralista.

Nos EUA, sob a gestão do presidente Donald Trump, observa-se estratégia de pactuação bilateral com países mais ricos, ou seja, evidencia-se uma maior pré-disposição destes países, a negociarem isoladamente e fora dos termos multilaterais até então considerados predominantes. Esta pode ser uma clara razão que sustenta o paradigma que se investiga neste projeto.

ESTUDANDO OS ACORDOS COMERCIAIS AMERICANOS: APLICANDO A METODOLOGIA

Atualmente, os Estados Unidos têm acordos de livre comércio em vigor com 20 países. Esses são: Austrália, Bahrain, Canadá, Chile, Colômbia, Costa Rica,

República Dominicana, El Salvador, Guatemala, Honduras, Israel, Jordânia, Coreia, México, Marrocos, Nicarágua, Omã, Panamá, Peru e Cingapura. A seguir, os seguintes acordos comerciais americanos:

ACORDO DE LIVRE COMÉRCIO TRANSPACÍFICO

Assinado em 1994, as partes, em conformidade com o Artigo XXIV do GATT 1994 e com o Artigo V do GATS, estabelecem uma área de livre comércio em conformidade com as disposições do acordo multilateral que estabelece um acordo regional abrangente e promove a integração econômica para liberalizar o comércio e o investimento, trazer crescimento econômico e benefícios sociais, criar novas oportunidades para trabalhadores e empresas, contribuir para elevar os padrões de vida, beneficiar consumidores, reduzir a pobreza e promover o crescimento sustentável.

Assinaram este acordo: Austrália, Japão, Canadá, Brunei, Estados Unidos, Cingapura, Vietnã, México, Nova Zelândia, Malásia, Chile e Peru. Abaixo, evidencia-se, no quadro 2, a aplicação das categorias deste acordo:

Quadro 2 - Acordo de Livre Comércio Transpacífico

Acordo de Livre Comércio Transpacífico	
Natureza do Acordo	Multilateral
Data e Repercussão	Em vigor a partir de 1994. O acordo representou um marco para a lógica multilateralista em favor dos blocos comerciais da época.
Ruptura da lógica Multilateralista	Não houve ruptura à lógica multilateralista.
Adoção da lógica Bilateralista	Não houve adoção nem integral nem em partes à lógica Bilateralista.
Conclusão Geral	O acordo comercial do Transpacífico foi, ao longo da história, de máxima relevância para que o modelo multilateralista comercial se consolidasse no mundo inteiro. A avaliação que fazemos é que este acordo abriu caminhos para uma lógica bilateral que pautou os blocos comerciais ao longo da década de 1990 e também no início dos anos 2000. Um importante fato comercial e político que demonstra, concretamente, o cenário de análise que propusemos nesta pesquisa.

Fonte: Elaborado pelo Autor (2020).

ACORDO DE LIVRE COMÉRCIO AMÉRICA DO NORTE – NAFTA

Em 1993 e em vigor em 1994, o acordo multilateral para implementar o Livre Comércio da América do Norte foi assinado. O acordo seguiu a lógica do Multilateralismo, envolvendo México, Canadá e Estados Unidos. Esses países foram incluídos pelo Tratado Norte-Americano de Livre Comércio em zona franca de comércio, objetivando assim, o custo reduzido para troca de mercadoria entre eles. Abaixo, no quadro 3, a aplicação das categorias de análise:

Quadro 3 - Acordo de Livre Comércio América do Norte – NAFTA

Acordo de Livre Comércio América do Norte - NAFTA	
Natureza do Acordo	Multilateral
Data e Repercussão	Em vigor a partir de 1994. O acordo representou um marco na história comercial do continente americano.
Ruptura da lógica Multilateralista	Não houve ruptura à lógica multilateralista.
Adoção da lógica Bilateralista	Não houve adoção nem integral, nem em partes à lógica Bilateralista.
Conclusão Geral	O NAFTA representou um momento histórico para o comércio exterior no continente americano. Além de regular e fomentar o comércio entre os países da américa do Norte, o acordo serviu de base de referência para formatação de outros acordos no continente, como o MERCOSUL.

Fonte: Elaborado pelo Autor (2020).

Acordo de Livre Comércio do Chile

O Acordo de Livre Comércio Estados Unidos-Chile (ALC) entrou em vigor em 1º de janeiro de 2004. O ALC Estados Unidos-Chile elimina tarifas e abre mercados, reduz barreiras para o comércio de serviços, oferece proteção à propriedade intelectual, garante transparência regulatória, garantias a não discriminação no comércio de produtos digitais compromete as Partes a manter as leis de concorrência que proíbem a conduta empresarial anticompetitiva e exige uma fiscalização ambiental e trabalhista eficaz. Com a décima segunda redução tarifária anual em vigor em 1º de janeiro de 2015, 100% das exportações dos EUA entrarão no Chile com isenção de impostos. Abaixo, no quadro 4, a aplicação das categorias de análise:

Quadro 4 - Acordo de Livre Comércio do Chile

Acordo de Livre Comércio do Chile	
Natureza do Acordo	Bilateral
Data e Repercussão	Em vigor a partir de janeiro de 2004. O acordo representou um marco no retorno à lógica bilateralista de acordos comerciais dos EUA com outros países do mundo. O impacto do acordo foi sentido em todo o mundo comercial – principalmente nos blocos econômicos.
Ruptura da lógica Multilateralista	Sim. Houve ruptura à lógica Multilateralista.
Adoção da lógica Bilateralista	Sim. Houve adoção integral à lógica Bilateralista.
Conclusão Geral	O acordo dos EUA com o Chile, representa o primeiro indício de uma retomada da lógica comercial bilateralista na estratégia comercial americana. A partir da nossa análise, podemos concluir que este acordo foi de fundamental importância para romper, no mercado internacional, a hegemonia do modelo multilateralista.

Fonte: Elaborado pelo Autor (2020).

ACORDO DE LIVRE COMÉRCIO EUA X COREIA

O Acordo de Livre Comércio EUA-Coreia entrou em vigor em 15 de março de 2012. Os Estados Unidos e a República da Coreia assinaram o Acordo de Livre Comércio Estados Unidos-Coreia (KORUS FTA) em 30 de junho de 2007. A Coreia é atualmente o sexto maior parceiro comercial de bens com os EUA, com US $ 130,8 bilhões no total (bidirecional) de comércio de bens até 2018. Abaixo, no quadro 5, a aplicação das categorias de análise:

Quadro 5 - Acordo de Livre Comércio EUA x Coreia

Acordo de Livre Comércio EUAxCoréia	
Natureza do Acordo	Bilateral
Data e Repercussão	Assinado em 2007 e em vigor a partir de janeiro de 2012. O acordo representou um momento histórico para uma nova relação comercial dos Estados Unidos com os países do continente asiático. O acordo teve grande repercussão no mercado internacional.
Ruptura da lógica Multilateralista	Sim. Houve ruptura à lógica Multilateralista.
Adoção da lógica Bilateralista	Sim. Houve adoção integral à lógica Bilateralista.
Conclusão Geral	O acordo dos EUA com a Coreia, embora tenha sofrido algumas alterações e entrado em vigor bem depois de sua assinatura, representa um marco na trajetória comercial bilateralista americana com os países asiáticos.

Fonte: Elaborado pelo Autor (2020).

ACORDO COMERCIAL EUA X COLÔMBIA

O Acordo de Promoção Comercial (TPA) entre os Estados Unidos e a Colômbia entrou em vigor em 15 de maio de 2012. O TPA é um acordo de livre comércio abrangente que fornece a eliminação de tarifas e remove barreiras aos serviços dos EUA, incluindo serviços financeiros. O Acordo inclui disciplinas importantes sobre barreiras técnicas ao comércio, comércio eletrônico, a administração alfandegária e facilitação do comércio, investimentos, compras governamentais, telecomunicações, direitos de propriedade intelectual e proteção ambiental e trabalhista. Abaixo, no quadro 6, a aplicação das categorias de análise:

Quadro 6 - Acordo comercial EUA x Colômbia

Acordo de Livre Comércio EUA x Coreia	
Natureza do Acordo	Bilateral
Data e Repercussão	Assinado em 2007 e em vigor a partir de janeiro de 2012. O acordo representou um momento histórico para uma nova relação comercial dos Estados Unidos com os países do continente asiático. O acordo teve grande repercussão no mercado internacional.
Ruptura da lógica Multilateralista	Sim. Houve ruptura à lógica Multilateralista.
Adoção da lógica Bilateralista	Sim. Houve adoção integral à lógica Bilateralista.
Conclusão Geral	O acordo dos EUA com a Coreia, embora tenha sofrido algumas alterações e entrado em vigor bem depois de sua assinatura, representa um marco na trajetória comercial bilateralista americana com os países asiáticos.

Fonte: Elaborado pelo Autor (2020).

ACORDO COMERCIAL EUA X JAPÃO

Em 7 de outubro de 2019, o acordo de Comércio EUA-Japão foi assinado. Na ocasião também foi assinado o Acordo de Comércio Digital EUA-Japão. O Acordo de Comércio EUA-Japão eliminou ou reduziu tarifas sobre certos produtos agrícolas e industriais para aumentar o comércio bilateral de uma maneira robusta, estável e mutuamente benéfica entre as nações, que juntas respondem por aproximadamente 30% do produto interno bruto global. Abaixo, no quadro 7, a aplicação das categorias de análise:

Quadro 7 - Acordo Comercial EUA x Japão

Acordo Comercial EUA x Japão	
Natureza do Acordo	Bilateral
Data e Repercussão	Assinado e em vigor a partir de 7 de outubro de 2019. Este acordo é o mais recente assinado pelo Governo Americano, sob a gestão do Presidente Donald Trump. O pacto foi amplamente repercutido no mercado internacional e, marcou, pela primeira vez em décadas, um acordo comercial entre países ricos.
Ruptura da lógica Multilateralista	Sim. Houve ruptura à lógica Multilateralista.
Adoção da lógica Bilateralista	Sim. Houve adoção integral à lógica Bilateralista.
Conclusão Geral	O acordo representa um marco na retomada mais claramente à lógica bilateralista dos acordos comerciais americanos. Como podemos observar, foram celebrados ao longo dos anos 2000 uma série de acordos que deixaram a lógica multilateral e passaram a primar por uma relação comercial entre países isoladamente (bilateralismo).

Fonte: Elaborado pelo Autor (2020).

CONSIDERAÇÕES FINAIS

Foi tratado nesta pesquisa de um sistema objetivo dentro da metodologia definida, de maneira que, ao longo da pesquisa, os fatos fossem sendo analisados, desenvolvidos, documentados de tal sorte que, dentro da rigidez metodológica, não se perdesse a possibilidade de demonstrar de maneira efetiva os resultados que poderiam e foram obtidos através dela.

Um cenário de mudança relevante para a ordem econômica mundial que antes deduzia-se, e agora, após as evidências da pesquisa, comprova-se com indícios advindos dos acordos comerciais celebrados pelo governo americano ao longo dos últimos 20 anos.

O referencial teórico foi iniciado com o mapeamento do conceito dos cenários possíveis à globalização. Uma reflexão que levou a considerar que este fenômeno obteve grande ênfase do ponto de vista de divulgação a partir da II Guerra Mundial, e acabou dominando o mundo inteiro, buscando de uma forma ou outra, amenizar as diferenças entre os países, dando oportunidade de trabalho àqueles que estavam localizados em países de menor capacidade de negócio, com processo industrializado mais atrasado, de maneira a aumentar a capacidade de trabalho destes e obtendo mais receita, onde pudesse ter ao final, um maior equilíbrio entre as nações.

Por outro lado, essa globalização veio a dinamizar de forma significativa o comércio mundial, fazendo com que as nações procurassem e conseguissem baixar o custo dos seus produtos. Também que estes fossem oferecidos diretamente à população fazendo com que de alguma forma se minorasse os processos inflacionários de cada país e aumentasse a capacidade aquisitiva e o conforto das populações de modo geral.

Como identificado ao longo da pesquisa, o processo de globalização gradualmente se transformou. Por um lado, a globalização de todos os países, mas por outro, as regiões procuraram manter esse intercâmbio mais focado dentro de seus próprios países fazendo com que fosses os principais beneficiários dessa livre troca de produtos e serviços. O exemplo mais típico é o da Europa, onde mais de 80% do comércio internacional entre as nações que compõem a união europeia se realizam entre os próprios países. Isso acabou dando uma limitação na globalização porque apenas as negociações entre dois blocos fortes poderiam gerar negócios e com isso, beneficiando, principalmente, às suas populações, mas impedindo que esse comércio mundial de alguma maneira se efetivasse sem barreiras reais, pois os blocos trataram de fechar as suas fronteiras à globalização comercial e de serviços como um todo.

Esse processo de globalização, cunhado no conceito de multilateralismo que foi tratado, acabou de alguma maneira sendo esgarçado pelas várias razões que o mundo acabou encontrando. Primeiramente, têm-se os blocos econômicos fechando as suas fronteiras e dificultando a entrada de países de outros blocos.

Em segundo lugar, a partir do que foi averiguado na pesquisa, observa-se um enfraquecimento da própria OMC que, com o tempo, passou a não mais conseguir impor regras mais rígidas aos países signatários. A China, conforme visto, é um exemplo disso.

Em terceiro lugar, os blocos regionais também começaram a se enfraquecer pois não atendiam ao conjunto dos países componentes, tendo como resultado o caso como o do Brexit em que a Inglaterra se propôs a sair do bloco porque não encontrava sentido econômico.

Por fim, observa-se que a globalização acabou sendo dominada, sob o ponto de vista financeiro, pelas grandes corporações financeiras que com muito mais agilidade que a prestação de outros tipos de serviço e, principalmente, com muito mais agilidade que a produção e comercialização de produtos, adiantou-se e conseguiu os acordos bilaterais na área de investimento, incentivando, dessa forma, que os acordos bilaterais pudessem também ser estendidos a área comercial.

Também é preciso considerar que no tocante a esta mudança, o contexto da OMC foi mudando ao longo dos últimos anos. Quando da sua criação, há duas décadas, muitos consideraram que as propostas da OMC no que toca a globalização econômica seriam bem aceitas e teriam como consequência natural, a sucessiva liberalização comercial.

Porém, a política comercial continuou sendo alvo de disputa, uma vez que apresentava significativas consequências distributivas tanto nacional como internacionalmente. A liberalização comercial se tornou mais controversa em razão da variedade cada vez mais crescente de atores encontrando seu lugar em negociações comerciais multilaterais e grupos nacionais unindo o comércio à desigualdade, menos perspectivas e insegurança.

Não restam dúvidas que a globalização contribuiu positivamente para a economia mundial. Em trinta anos, o PIB global saltou de US$ 22 trilhões para aproximadamente US$ 90 trilhões. A quantidade de pessoas vivendo na extrema pobreza diminuiu drasticamente e a disseminação da tecnologia propiciou altos ganhos de produtividade que foram replicados em diversas áreas do mundo. E também foi observado que as perdas sociais oriundas do mundo globalizado nunca haviam sido tão expressivas.

A partir de um dado momento passou a ficar cada vez mais claro que havia um esgotamento dos processos de globalização porque as normas criadas para geri-lo não protegiam as partes de maneira equânime. Como exemplo disso, entre outros: o nível de proteção dos trabalhadores da China não era o mesmo do que o dos trabalhadores da Alemanha, nos Estados Unidos as empresas não tinham como competir com os preços de outros países, levando prejuízo ao trabalhador americano em termos de salário e qualidade de vida.

Neste cenário de desequilíbrios, a população começou a perceber os prejuízos causados pelo processo de globalização, surgindo assim um sentimento nacionalista e uma consequente indisposição de aceitar o crescimento de outras nações em detrimento de sua segurança interna. O Brexit foi um grande alerta sobre a possibilidade do fim da globalização, pois a saída do Reino Unido da maior unidade comercial criada se revelou um evidente sintoma de que o processo de globalização está doente e necessita de cuidados.

O que se infere desta pesquisa é a possibilidade de que uma nova globalização esteja em plena estruturação, justamente a partir de acordos bilaterais que vem sendo realizados, conforme será abordado mais adiante.

Portanto, no cenário de transformações produtivas que estão ocorrendo no mundo, torna-se imprescindível revisar a forma de elaboração das políticas públicas do setor produtivo, principalmente se considerarmos a necessidade de maior integração com as políticas de comércio internacional. O livre comércio só funciona de forma eficiente se as regras puderem ser cumpridas por todos para que se estabeleça um comércio globalizado justo.

A globalização permitiu que alguns países formassem oligopólios, dificultando ou impedindo a competição de mercado. Os dumpings com origem nos países não democráticos tiveram espaço para concentrar a produção de determinados produtos em razão da mão de obra barata, causando incalculável prejuízo às empresas nacionais em países democráticos.

Nesse sentido, indústrias mundiais passaram a se tornar dependentes dos oligopólios da China ao longo dos anos. Nas duas últimas décadas, aumentou radicalmente a dependência do mundo ao que é produzido e consumido pelos chineses. Porém se a China emperra a engrenagem não roda.

Recentemente, com a crise do Covid-19, tornou-se fato mundialmente conhecido o seu monopólio de produção de máscaras e respiradores, itens cobiçados por todo o planeta nesse momento histórico. Um cidadão americano tido como um dos maiores símbolos capitalistas até hoje é dono da maior fábrica de máscaras na China. Isso mostra que o sistema democrático ocidental está indefeso diante dos dumpings de regimes não democráticos. Os próprios empresários de países ocidentais democráticos preferem investir na China.

Portanto, o que se infere é que mais do que fábricas voltando para seu país de origem, será visto, nos próximos anos, empresas diversificando a cadeia de suprimentos para que não sejam mais tão dependentes de um único país, como a China, por exemplo. Dessa forma, é possível que o coronavírus possa, além de destruir a economia de 2020, mudar radicalmente o rumo da história.

Conforme tratado neste trabalho, a guerra comercial entre os Estados Unidos e a China já vinha ameaçando a globalização sob o aspecto do multilateralismo. Esse fato gerou uma acirrada disputa pela tecnologia, provocando, assim, o afastamento entre os dois países. Essa dissociação agora afeta o setor de serviços e o setor industrial tendo em vista os riscos maiores de atuar direto com o mercado da China e confiar nas informações prestadas por Pequim.

Diante de tantas incertezas e mudanças, há também grandes desafios em relação à cadeia de suprimentos ser capaz de suprir de forma rápida e eficiente a demanda, o que significa a regionalização e a uma internalização da produção. Trata-se de um modelo mais resistente, porém, com crescimento mais baixo.

Capacitar a OMC para estabelecer mais igualdade num cenário onde o sistema de comércio global é cada vez mais um sistema cada vez mais confuso, é primordial para impedir que as regras e abordagens sejam conflituosas e fragmentadas. Será preciso desenvolver meios de acesso a outros países aos mercados a fim de diminuir o distanciamento entre os membros mais avançados e aqueles que avançam mais lentamente.

No entanto, é preciso prestar atenção na desigualdade crescente para que medidas protecionistas injustas sejam evitadas, garantindo, assim, a legitimidade do comércio internacional. Embora demore para reconhecer essa tendência, muitos governos têm feito mais para permitir que os cidadãos aproveitem melhor as oportunidades da globalização econômica, embora esta seja uma tarefa muito difícil.

Face à agitação populista percebida em alguns países, faz-se necessário que a reconciliação envolva uma reforma na articulação das preferências da sociedade e na definição dos objetivos da política comercial. E, sendo o mais importante, políticas distributivas nacionais justas para complementar o livre comércio, limitando seu potencial disruptivo e, portanto, revertendo a direção ao nacionalismo econômico.

A globalização é fruto de décadas de trabalho para unificar os povos em seu interesse comum. Portanto, ela é necessária e deverá ser preservada, mesmo considerando uma lógica mais bilateralista, através do estabelecimento de novas regras que deverão ser cumpridas por todos os países envolvidos para se garantir o comércio justo.

O processo de globalização tratado neste trabalho, mostrou que que as grandes corporações perderam a sua identidade nacional e passaram a buscar apenas os seus próprios interesses, isto, pode ter feito com que algumas nações buscassem novamente o controle do estado com relação aos títulos de prática comercial de tal maneira a salvaguardar os empregos e a capacidade de consumo da sua população, o que resultou em vários acordos bilaterais que foram gradualmente sendo executados e substituindo a lógica então vigente do multilateralismo, principalmente ao longo dos últimos 20 anos.

Este trabalho visou estudar, mais pontualmente, o contexto comercial americano neste cenário. Iniciou-se uma profunda análise dos acordos comerciais assinados pelos governos americanos nos últimos 20 anos para identificar sua natureza ideológica e os impactos comerciais advindos dessa transação.

Iniciou-se o mapeamento com o acordo do Chile e o da Colômbia em governos anteriores até chegar nos tratados assinados pelo atual governo Trump que, conforme visto na análise, está a romper com praticamente todos os acordos multilaterais e a estabelecer acordos bilaterais ou apenas regionais, como foi o caso da América do Norte ou bilaterais, como os do Japão e da Coreia, em que o interesse de cada um dos países acabou prevalecendo sobre a ideia global.

Abaixo, o quadro geral de análise dos acordos que evidenciam uma cronologia de abandono da lógica multilateralista rumo ao bilateralismo:

Quadro 8 - Cronologia de abandono da lógica multilateralista rumo ao bilateralismo

ACORDO	DATA	LÓGICA DOMINANTE
Acordo de Livre Comércio Transpacífico	1994	Multilateralismo
Acordo de Livre Comércio América do Norte – NAFTA	1994	Multilateralismo
Acordo de Livre Comércio do Chile	2004	Bilateralismo
Acordo de Livre Comércio EUA X Coreia	2012	Bilateralismo
Acordo comercial EUA x Colômbia	2012	Bilateralismo
Acordo Comercial EUA x Japão	2019	Bilateralismo

Fonte: Elaborado pelo Autor (2020).

Aparentemente essa é a tendência que se notou ao longo dos últimos 4 anos, pelo menos, e que poderá seguir ou não em função do próximo governo que venha a assumir a política americana, pois claramente nota-se uma diferença entre o globalismo do candidato Biden e o bilateralismo do Governo Trump.

Independente do ganhador, as regras comerciais internacionais deverão, de modo geral, buscar uma lógica menos ligada à estratégia multilateralista, que conforme visto nas micro razões apresentadas neste estudo, está em processo de enfraquecimento e mais interessada no modelo bilateralista que considera as distinções pontuais entre os países.

Este pressuposto, de modo geral, pode ser acompanhado nos próximos anos e observar o que talvez seja não o fim, mas o remodelamento do modelo comercial internacional entre países. Um desafio que imporá novas lógicas para o próprio corpo diplomático entre os países e obrigará uma nova ordem política global que considere este fenômeno como vigente.

BIBLIOGRAFIA

Abdul-Hak, A. P. N. (2013). O conselho de defesa Sul-Americano: objetivos e interesses do Brasil. Brasília: FUNAG.

Agnew, J., & Corbridge, S. (1995). Mastering space: hegemoney, territory and international political economy. London: Routledge.

Araújo, R. D. (2019). Análise de impactos de acordos comerciais: uma alternativa aos modelos tradicionais. UNICAMP, Campinas.

Aravena, F. R. (1999). América Latina y la seguridade internacional: contribuciones y desafíos para el siglo XXI. Washington: Organización de los Estados Americanos.

Badie, B. (2006). Qui a peur du XXIe siècle? Le nouveau système international. Paris: La Découverte.

Balassa, B. (1964). Teoría de la integración econômica. México: UTEHA.

Beach, D., & Pedersen, R. B. (2013). Casual case study methods. Michigan: UniPress.

Bhagwati, J. (1999). Regionalism and multilateralism: an overview. In trading blocs: alternative approaches to analyzing preferential trade agreements.Cambridge, MA: MIT Press.

Blocos econômicos e organizações intergovernamentais mundiais (figura). Consultado em: mundoeducacao.bol.uol.com.br,. Acesso em: 10.abr.2020.

Bohnenberger, F., & Weinhardt, C. (2017). Malestar en el libre comercio: un nuevo rol para la OMC. Nueva Sociedad, (271), 95-109. Consultado em: https://nuso.org/articulo/malestar-en-el-libre-comercio/. Acesso em: 12.jul.2020.

Carvalho, M., Azevedo, A., & Massuquete, A. (2019). O Brasil no contexto da guerra comercial entre EUA e China. Porto Alegre: Apencsul.

COMTRADE. (2018). United nations commodity trade statistics database satistics division. Consultado em: http://comtrade.un.org. Acesso em: 15.jun.2020.

Congress. Acordo de livre comércio América do Norte – NAFTA. Consultado em: https://www.congress.gov/bill/103rd-congress/house-bill/3450/text. Acesso em: 26.ago.2020.

Donadelli, L., & Pereira, M. (2019). Do multi ao bilateralismo: história e conjuntura das políticas externa e de segurança dos EUA para a América Latina. São Paulo: USP.

Enap. (2014). Estruturas e principais regras da OMC. Consultado em: https://repositorio.enap.gov.br/bitstream/1/3095/3/Estrutura%20e%20 Principais%20Regras%20da%20OMC%20%281%29.pdf. Acesso em: 10.abr. 2020.

Evans G., & Menon A. (2017). Brexit and british politics. Cambridge: Wiley.

Farto, M. (2006). A diplomacia econômica contemporânea. Consultado em: http://janusonline.pt/2006/2006_3_2_1.html. Acesso em: 14.ago.2020.

Fernandes, S., & Simão, L. (2019). O multilateralismo: conceitos e práticas no século XXI. Coimbra: Press.

Gama, C. F. P. S. (2020). O Reino Unido deixa a União Europeia em um mundo parcialmente globalizado em crise. Boletim de Conjuntura (BOCA), 1(2), 28-31.

Gama, C. F. P. S., & Camargo, F. F. (2018). From Farmers to Firms: United States and China in a Shifting World Order. Conjuntura internacional, 15(2), 11-21.

Gonçalves, R. (1999). Globalização e Desnacionalização. Rio de Janeiro: Paz e Terra.

Huntington, S. P. (1975). Organizações transnacionais na política mundial. Revista de Administração Pública, 9(2), 9-45.

Jain, S. C. (2006). Emerging economies and the transformation of international business: Brazil, Russia, India and China (BRICs). Connecticut: Edward Elgar Publishing.

Keohane, R. O. (2002). Power and governance in a partially globalized world. London: Psychology Press.

Kissinger, H. (2012). Diplomacia. São Paulo: Saraiva.

Lafer, C. (1996). O sistema de solução de controvérsias da Organização Mundial do Comércio. São Paulo: USP.

Li, N. (2002). China's Foreign Policy Agenda and the PLA's New Mission. RSIS Working Papers. Consultado em: http://www. rsis. edu. sg/rsis-publication/rsis/528-chinas-foreign-policy-agend/#. VbKuF_lViko. Acesso em: 01.set.2018.

Magalhães, J. C. (1996). A Diplomacia Pura (2ª ed). Venda Nova: Bertrand.

Ministério das Relações Exteriores. Organização mundial do comércio. Consultado em: http://www.itamaraty.gov.br/pt-BR/politica-externa/ diplomacia-economica-comercial-e-financeira/132-organizacao-mundial-do-comercio-omc. Acesso em: 13.abr.2020.

Ministério do Comércio da República Popular da China MOFCOM. (2018). Announcement on imposing tariffs on some goods originating in the US. Consultado em: http://english.mofcom.gov.cn/article/newsrelease/ significantnews/201806/20180602757681.shtml. Acesso em: 25.mar.2020.

Ministério do Desenvolvimento, da Indústria e Comércio Exterior MDIC (2018). Balança comercial brasileira acumulado do ano 2017. Consultado em: https://www.mdic.gov.br/index.php/comercio-exterior/estatisticas-de-comercio-exterior/balancacomercial-brasileira-acumulado-do-ano?layout=edit&id=3056. Acesso em: 2.fev.2020.

Niblett, R.; & Bhardwaj, G. (2019). Why we build walls: 30 years after the fall of the Berlin Wall. Chatham House. Consultado em: https://www.chathamhouse.org/expert/comment/why-we-build-walls-30-years-after-fall-berlin-wall?. Acesso em: 10.abr.2020.

Petri, F., & Weber, B. (2006). Os efeitos da globalização nos processos de integração dos blocos econômicos. Santa Maria: UFSM.

Pinto, P. C. A. (2015). Diplomacia e política de defesa: o Brasil no debate sobre asegurança hemisférica na década pós-Guerra Fria (1990-2000). Brasília: FUNAG.

Plihon, D. (2007). A globalização financeira. Coimbra: Unicoimbra.

Pontes, J. N. M. O. (2016). Política externa portuguesa: bilateralismo e multilateralismo. Revista Lusíada, 13(14), 71-112. Consultado em: http://revistas.lis.ulusiada.pt/index.php/lpis/article/view/2434. Acesso em: 2.ago.2020.

PRADO, Luiz Carlos Delorme. Globalização: notas sobre um conceito controverso. Disponível em < https://dogmaseenigmas.files.wordpress.com/2012/12/prado-2000.pdf>. Acesso em 12 de julho de 2020.

Ramos, L., Vadell J., Saggioro A., & Fernandes A. (2012). A Governança econômica global e os desafios do G20 pós-crise financeira: análise das posições de EUA, China, Alemanha e Brasil. Revista Brasileira de Política Internacional, 55(2). Consultado em: https://www.scielo.br/scielo.php?pid=S0034-73292012000200002&script=sci_arttext&tlng=pt. Acesso em: 12.jun.2020.

Rebel Tecnologia e Correspondente Bancário. (2018). Entenda o que é a globalização financeira e como ela funciona. Consultado em: https://blog.rebel.com.br/entenda-o-que-e-a-globalizacao-financeira-e-como-ela-funciona/. Acesso em: 30.mar.2020.

Seawrigth, J., & Gerring, J. Case selection techniques in case study research: a menu of qualitative and quantitative options. Consultado em: https://journals.sagepub.com/doi/10.1177/1065912907313077 / Acesso em: 12.jul.2020.

Sennes, R. (2003). As mudanças na política externa na década de 1980: uma potência média recém industrializada. Porto Alegre: Editora da UFRGS.

Silva, D. C. A., & Loureiro, H. A. C. (2009). Esforços e Reforços: composição das respostas nacionais à crise de 2008 nos EUA e Alemanha. Revista Eletrônica de Ciências Sociais, 3(8), 127-149. Consultado em: http://periodicos.ufjr.br/index.php/csonline/article/view/17127. Acesso em: 21.ago.2020.

Souto, C. (2005). Bilateralismo e multilateralismo antes e depois do esgotamento do nacionalismo de fins. Consultado em: http://cdn.fee.tche.br/jornadas/2/H2-05.pdf. Acesso em: 13.jul.2020.

Souza, J. L. (2008). Integração: a regionalização na globalização. Revista Ipea. Consultado em: https://www.ipea.gov.br/desafios/index.php?option=com_content&view=article&id=1178:reportagens-materias&Itemid=39, Acesso em: 13.abr.2020.

Stiglitz, J. E. (2002). Globalização: a grande desilusão. Lisboa: Terramar.

Teixeira, C. G. P. (2014). Uma política para o continente: reinterpretando a doutrina Monroe. Revista Brasileira de Política Internacional, 57(2), p.115-132.

União Europeia. Regulamento (Ue) N.O 1219/2012 do Parlamento europeu e do conselho. Consultado em: http://eurlex.europa.eu/LexUriServ/LexUriServ.do?uri=OJ:L:2012:351:0040:0046:PT:PDF. Acesso em: 20.jun.2016.

USTR. (2018). Office of the United States trade representative. Consultado em: https://ustr.gov/abouts/policy-offices/press-office/press-releases/2018/jun/ustr-issues-tariffs-chinese-products. Acesso em: 30.jul.2020.

USTR. Acordo comercial EUA x Colômbia. Consultado em: https://ustr.gov/trade-agreements/free-trade-agreements/colombia-tpa. Acesso em: 26.ago.2020.

USTR. Acordo Comercial EUA X Japão. Consultado em: https://ustr.gov/countries-regions/japan-korea-apec/japan/us-japan-trade-agreement-negotiations/us-japan-trade-agreement-text. Acesso em: 26.ago.2020.

USTR. Acordo de livre comércio do Chile. Consultado em: https://ustr.gov/trade-agreements/free-trade-agreements/chile-fta. Acesso em: 26.ago.2020.

USTR. Acordo de livre comércio EUA x Coreia. Consultado em: https://ustr.gov/trade-agreements/free-trade-agreements/korus-fta. Acesso em: 26.ago.2020.

USTR. Acordo de livre comércio transpacífico. Consultado em: https://ustr.gov/trade-agreements/free-trade-agreements/trans-pacific-partnership/tpp-full-text. Acesso em: 26.ago.2020.

Vitelli, M. G. (2018). Segurança Cooperativa. In: Saint-Pierre, H. L. (org). Dicionário de segurança e defesa (194). São Paulo: Unesp Digital.

Wei, D. (2010). Acordos bilaterais de promoção e proteção de investimentos: práticas do Brasil e da China. Nação e Defesa, 125 (4), 157-191. Consultado em: https://core.ac.uk/download/pdf/62688837.pdf. Acesso em: 01.maio.2020.

World Trade Organization (figura 1). Consultado em: https://www.wto.org/. Acesso em: 13.abr.2020.

www.ingramcontent.com/pod-product-compliance
Lightning Source LLC
Chambersburg PA
CBHW061022220326
41597CB00017BB/2542